BI-YÄN-LU

3. BAND

碧巖錄

BI-YÄN-LU

Meister Yüan-wu's
Niederschrift
von der
Smaragdenen Felswand

verdeutscht und erläutert
von
Wilhelm Gundert

3. Band

Aus dem Nachlaß
herausgegeben
und durch
weitere Beiträge
ergänzt

Carl Hanser Verlag

Bi-yän-lu: Kapitel 51-68

Zur Übertragung des Bi-yän-lu ins Deutsche

Konparu Zenchiku: Die Bananenstaude

Herausgeber: Günther Debon

ISBN 3-446-11783-0

Sonderausgabe Weltbild Verlag GmbH, Augsburg 1999

Einbandgestaltung: Peter-Andreas Hassiepen, München
Druck und Bindung:
Franz Spiegel Buch GmbH, Ulm
Printed in Germany

Wilhelm Gundert im 89. Lebensjahr
Aufnahme: Schwäbische Zeitung, Ulm

Vorwort

Als 1967 der zweite Band des Bi-yän-lu erschien und damit die Hälfte der Übersetzungsarbeit bewältigt war, stand Wilhelm Gundert bereits im achtundachtzigsten Lebensjahr. Sein Wunsch, das Werk noch abzuschließen, entzog sich immer mehr der Verwirklichung. So entschloß sich der Übersetzer auf Anraten des Verlages, nur noch die wichtigsten Teile der einzelnen Kapitel zu berücksichtigen. Das bedeutete zunächst einen Verzicht auf die ›Zwischenbemerkungen‹ des Yüan-wu (1063 bis 1135) zu den von Hsüä-dou (980–1052) gesammelten ›Beispielen‹ sowie zu den von diesem verfaßten Gesängen – ein Verzicht, der wohl am ehesten zu verschmerzen war. Sodann entfielen weitgehend die ›Erläuterungen‹ Yüan-wu's zu Beispiel und Gesang; nur unerläßliche Passagen daraus wurden wiedergegeben. Was blieb, waren jeweils das ›Beispiel‹ mit dem Gesang und der dem ›Beispiel‹ vorangesetzte ›Hinweis‹ Yüan-wu's. Vor allem aber blieben die Erklärungen des Übersetzers, die schon das Studium der ersten beiden Bände zur beglückenden Lektüre gemacht haben und ohne deren liebevoll ausholende Gedankenführung uns so mancher ›öffentliche Aushang‹ unverständlich bleiben müßte.

Trotz aller Selbstbeschränkung aber, und obwohl er bis wenige Wochen vor seinem sanften Hinscheiden am 3. August 1971 ständig an seinem Werk arbeitete, war es Wilhelm Gundert nicht vergönnt, es zu vollenden. Im folgenden wurde nicht versucht, den Kampf des halb Erblindeten mit der Zeit zu verschleiern. Nur das Allernotwendigste wurde in den immer knapperen Kapiteln ergänzt oder verändert: Der Leser sollte noch einmal Gunderts Stimme hören und an der Arbeit seiner letzten Jahre teilnehmen. Da die Übersetzung und Ausdeutung des Bi-yän-lu so eng mit seiner Persönlichkeit verbunden ist, wurde auch Abstand davon genommen, den Rest der hundert ›öffentlichen Aushänge‹ in Angriff zu nehmen. Etliche Jahre ungestörter Hingabe wären darüber hinaus erforderlich gewesen; und die zentrale Frage, um die fast alle Kapitel kreisen, dürfte dem Leser auch so hinlänglich klargeworden sein. Um die Arbeitsweise Wilhelm Gunderts deutlich zu machen, wurde indessen die Urfassung zu einem Beitrag aufgenommen, der 1968 in dem japanischen Sammelwerk Kôza Zen erschienen ist[1]. Obwohl hier Dinge berührt werden, die dem Leser der ersten Bände zum Teil vertraut sind, bietet der Beitrag überraschende Einblicke genug. Vor allem werden wir inne, mit welcher Gewissenhaftigkeit der Übersetzer um das rechte Verständnis der Begriffe rang und um die treffende Verdeutschung bemüht war.

Aufgenommen wurde des weiteren eine frühe Übersetzung aus dem Japanischen: die des bekannten Nô-Stückes ›Die Bananenstaude‹ aus

[1] Siehe die Bibliographie S. 160

dem Jahre 1933. Nicht nur soll damit die schöne Übertragung der ihr angemessenen Würdigung zugeführt werden, sondern der Leser soll zugleich erfahren, wie stark das Nô vom Geiste des Zen geprägt ist. Seami Motokiyo (1363–1443), der bedeutendste Nô-Darsteller und -Theoretiker, zugleich Lehrer und Schwiegervater des Verfassers der ›Bananenstaude‹, verrät in seinen Traktaten zur Schauspielkunst, daß er mit dem Bi-yän-lu wohlvertraut war. In seiner ›Folge der Neun Stufen‹ (Kyûi-shidai) etwa verdeutlicht er die dritthöchste Stufe der Darstellungskunst mit den Worten »In eine silberne Schale Schnee häufen«, einer Formel aus dem 13. ›Beispiel‹ des Bi-yän-lu (Band I, Seite 251); und die fünfte Stufe wird erläutert durch den Satz »Die Stimmung von Wolken über den Bergen und des Mondes über dem Meer völlig erfassen« aus dem Gesang zum 53. ›Beispiel‹ (Seite 40 des vorliegenden Bandes). Schwerer noch als solche Zitate wiegt aber die Grundeinstellung Seami's, in welcher er als höchste Stufe der Schauspielkunst das »Waagehalten zwischen Ja und Nein« anspricht, jenen Bereich, »wo alle Worte versagen und die geheimnisvolle Einheit, in der es keine Zweiheit gibt, waltet.«[1] Aufschlußreich auch, daß, umgekehrt, Katô Totsudô, der moderne Interpret des Bi-yän-lu, an mancher Stelle seines Kommentars[2] Parallelen zum Nô zieht; so, wenn er die drei Personen des 65. ›Beispiels‹ mit dem Haupt-, Gegen- und Nebenspieler des Nô vergleicht.
Da sich somit das Material zu einer Art Gedächtnisband rundete, wurde schließlich der Nachruf Dietrich Seckels eingeschlossen, der auch die Bibliographie zusammengestellt hat.
Die Zahl der Register konnte diesmal auf zwei beschränkt werden. Sie lagen in der Hand von Helene Gundert, der Gattin des Verstorbenen, und von Irmgard Gundert, seiner Enkelin. Innerhalb des Carl Hanser Verlages betreute Herbert G. Göpfert auch diesen Band. Allen sei für die selbstlose Mitarbeit herzlich gedankt.

Die Aufgabe, ihn druckfertig zu machen, konnte nur nach einigem Zögern übernommen werden; bringt der Herausgeber doch nur weniges mit, das ihn hierfür legitimierte. Zwar ist der Text des Bi-yän-lu in chinesischer Sprache geschrieben, jedoch in einem umgangssprachlichen Idiom eigenwilliger Prägung und ist damit von der klassischen Sprache weit entfernt. Seine Interpretierung kann nur mit Hilfe einer Lehrtradition erfolgen, die aber nicht im Mutterlande selbst, sondern nur in Japan erhalten blieb. So ist es folgerichtig, daß die Schriften des Zen-Buddhismus vorwiegend durch Japanologen erschlossen worden sind. Weiterhin fehlt dem Herausgeber sowohl das theologische Rüstzeug im

[1] Siehe Oscar Benl, Die Geheime Überlieferung des Nô, aufgezeichnet von Meister Seami, Frankfurt am Main 1961, S. 145f. und S. 148.

[2] Katô Totsudô, Hekiganroku Daikôza, 12 Bände, Tôkyô 1939–1940.

allgemeinen wie die Vertrautheit mit dem Buddhismus im besonderen, die Wilhelm Gundert durch seine Herkunft und seinen langjährigen Aufenthalt in Japan besaß.

Wenn ich mich dennoch auf das vergleichsweise fremde Terrain gewagt habe, so geschah das im Bewußtsein der Verehrung und Dankbarkeit, die jeder, der mit Wilhelm Gundert in Berührung kam, vom ersten Tag an fühlen mußte. Ich war im Dezember 1951 von ihm nach Schorndorf eingeladen worden, um an der Sammlung ›Lyrik des Ostens‹ mitzuarbeiten, deren ostasiatischer Teil in seinen Händen lag. Unvergeßlich die gewinnende Art, mit der sich der damals über Siebzigjährige des Studenten annahm. Dieses zarte Eingehen auf den anderen, das Sich-leermachen-Können bei aller eigenen Fülle, schien eine Frucht der Berührung mit dem Fernen Osten zu sein und war ein glückliches Komplement zur Genauigkeit und Beharrlichkeit seines schwäbischen Erbteils.

Mit der gemeinsamen Liebe zur Dichtung war eine Brücke geschlagen. Vor jeder Mahlzeit pflegte Gundert ein Gedicht aus Rilkes ›Stundenbuch‹ zu rezitieren, mit geschlossenen Augen sein Gedächtnis überprüfend. Mir fiel ein, daß ich während des Krieges in einer Frontbuchhandlung einmal zwei Bücher erstanden hatte: das ›Stundenbuch‹ und einen Band japanischer Literatur in der Übersetzung Gunderts, nicht ahnend, daß beides sich nun so sinnvoll-gegenwärtig zusammenschließen würde.

Trotz aller Gelehrsamkeit war Wilhelm Gundert kein Stubenmensch. Mit Stolz erzählte er von seinem kleinen Stück Land, das er eigenhändig bestellte: Die Berührung mit der Erde war ihm ein Bedürfnis. Und es geschah mit großer Selbstverständlichkeit, daß er, auf einem Spaziergang am ›Forstbrunnen‹ angelangt, mit andächtig gewölbten Händen das Quellwasser zum Munde führte, den Besucher aus der Stadt, der etwas verlegen am Rande des aufgeweichten Grundes stehengeblieben war, zur Nachahmung ermunternd.

Auf diesen Gängen unter den Bäumen des Grafenbergs und über die Staffeln alter Weingärten erörterten wir Probleme des Übersetzens. Sein »latine, clare, apte, ornate« klingt mir noch heute in den Ohren, und die Forderung, daß man als Philologe an seinen Gegenstand zunächst als philos, als Freund, heranzugehen habe, ist in all seinen Übersetzungen zu spüren.

Damals hatte Gundert sich schon dem Bi-yän-lu zugewandt und las eines Abends das Kapitel von der Nonne Eiserner Mühlstein vor (Band I, Seite 415ff.). Zunächst war ich verwundert über die fremde Art des Argumentierens; aber die Schalkhaftigkeit, mit der die Episode vorgetragen wurde, war überzeugend, und ein fröhliches Lachen beendete die Lesung.

Eine Reihe von Briefen, meist philologische Fragen betreffend, hielt die Verbindung aufrecht. Ein letztes Mal sah ich Wilhelm Gundert in Neu-

Ulm, anläßlich seines neunzigsten Geburtstages. Er war inzwischen seiner Sehkraft fast beraubt, aber die Lebendigkeit seines Geistes bestach wie eh und je. Erst einen Monat später sollte er zum Ehrenmitglied der Japanischen Akademie der Wissenschaften ernannt werden; aber schon damals war sein Verdienst als eines Mittlers zwischen zwei Kulturen durch einen hohen japanischen Orden gewürdigt worden. Ich bat, diesen einmal ansehen zu dürfen. Wir gingen hinauf ins Arbeitszimmer und setzten uns an den Schreibtisch, aus dessen Schublade Gundert das prächtige Stück mit der kaiserlichen Chrysantheme hervorzog. Auf einem Lesepult stand aufgeschlagen das Exemplar des Bi-yän-lu, das ihm Daisetsu Teitaro Suzuki vermacht hatte, mit jener stummen Geste, die dem Zen-Meister mehr bedeutet als jedes Wort. Da sah ich, betroffen, daß am Schreibtischaufsatz ein Papierstreifen angebracht war, auf dem in handgeschriebenen Lettern Vers 19,30 des Johannes stand:
ὅτε οὖν ἔλαβεν τὸ ὄξος Ἰησοῦς εἶπεν· τετέλεσται, καὶ κλίνας τὴν κεφαλὴν παρέδωκεν τὸ πνεῦμα.
Noch eindrücklicher als in seinen Schriften wurde hier sichtbar, wie entschieden Wilhelm Gundert den Kreis zu seinem Ausgangspunkt geschlossen hatte.

Wenn wir das Werk seiner letzten Lebensjahre betrachten, fällt auf, in welchem Maße das hohe Sprachvermögen erhalten blieb, das sich schon im Nô-Spiel von der ›Bananenstaude‹ angekündigt hatte. Daß das Bi-yän-lu in Geist und Form eingedeutscht worden ist, macht den Wert dieser Übersetzung aus. Ich selbst habe unverhofft einen Beweis erhalten, mit welcher Könnerschaft Wilhelm Gundert unsere Sprache beherrscht hat: Es galt, einen Sinnspruch zu übersetzen, der besagt, daß ein gescheiter Mensch nur eines Wortes bedarf, so wie ein schnelles Pferd nur einmal die Peitsche zu spüren braucht. Der Angelpunkt dieses Satzes beruht darin, daß im Chinesischen das Wort für ›schnell‹ zugleich die Bedeutung ›frohgemut‹, ›aufgeweckt‹ hat. Obwohl ich gut zwei Dutzend Wörter gesammelt hatte, wollte keines sowohl auf den Menschen wie auf das Pferd zutreffen, und ich hatte den Fall als nicht lösbar aufgegeben. Da bemerkte ich eines Tages bei der Durchsicht des Bi-yän-lu (Band II, Seite 97), daß die Sentenz dort schon übersetzt worden war: »Munterem Mann ein Wort, munterem Pferd ein Peitschenstreich.« Genau das war's. (Vor allem, wenn wir an Eichendorffs »Hüte dich, sei wach und munter« denken.) In dieser Weise müssen wir allenthalben auf Feinheiten gefaßt sein, die sich auf den ersten Blick oftmals nicht preisgeben.

Wir können von Wilhelm Gundert nicht Abschied nehmen, ohne seiner Gattin zu gedenken, die, seit sie ihm als junge Braut nach Japan folgte, still und verständig sein Leben begleitete. Als Tochter eines schwäbischen Kirchenhistorikers von gleicher Geistes- und Stammesherkunft, half ihm Helene Gundert die schweren Schicksalsschläge tragen, von denen die Familie durch Krieg und Nachkriegszeit getroffen war. Ihr, die mit unablässig tätiger Treue über dem Werk des Verstorbenen wacht und mit erstaunlichem Erinnerungsvermögen an den Geschicken seiner Freunde teilnimmt, sei dieses Buch zum neunzigsten Geburtstag in die Hand gelegt.

Günther Debon

Bi-yän-lu

Kapitel 51–68

Einundfünfzigstes Beispiel

Hsüä-fëng fragt: Was ist denn los?

Vorerinnerung

Hsüä-dou, der Überlieferer der Anekdote dieses ersten Beispiels in der zweiten Hälfte unserer Sammlung, führt uns hier zwei Mönche vor, die zuerst in der Provinz Fukien am Fuße eines hohen Berges den nachmaligen berühmten Meister Hsüä-fëng aufsuchen, der sich dort in einer stillen Klause aufhält. Die Begegnung ist ganz kurz. Sie endet plötzlich, und zwar einfach deshalb, weil Hsüä-fëng sofort erkennt, daß die beiden für das Große, Wichtige, welches er zu geben hätte, noch verschlossen sind. Er geht zurück in seine Klause, und die Mönche setzen im Gedanken, daß mit diesem Sonderling nichts anzufangen sei, die Wanderung fort. Nach Wochen oder Monaten erreichen sie in der Provinz Hupe den Yän-tou-schan, auf welchem Hsüä-fëng's Freund am Ende seiner letzten Wanderung mit diesem seinen Sitz als Meister gefunden und damit selbst den Namen Yän-tou angenommen hat. Der zweite Akt der Anekdote schildert deshalb die Begegnung dieser beiden Mönche mit Hsüä-fëng's altem Freunde, eben diesem Yän-tou. Es wird dem Verständnis unseres Beispiels dienlich sein, wenn wir uns aus dem, was über diese beiden Freunde früher schon berichtet worden ist, ihr Bild noch einmal ins Gedächtnis rufen.

Schon als junger Reiskoch in dem Kloster des berühmten Dung-schan zeigt der Mönch I-tsun (der spätere Meister Hsüä-fëng)[1] sich auffallend impulsiv und drastisch. Beim Reinigen des Reises fragt ihn Dung-schan seelsorgerlich bedeutungsvoll, ob er da Sand wasche und den Reis abschütte oder umgekehrt. Der junge Koch fühlt sich wohl unterschätzt. Nach kurzer Diskussion stürzt er das ganze Wasserbecken um, daß Sand und Reis zusammen mit dem Wasser auf den Boden klatscht. (Band I, Seite 133.)

Auch bei allen anderen Meistern, welche er besuchte, diente er als Reiskoch, weil er sich so am deutlichsten ein Bild vom Organismus eines Zen-Klosters verschaffen konnte. Und überall benahm er sich gleich schlagfertig. Nur hatte er durchaus keine Eile damit, eine eigene Tätigkeit als Meister anzustreben. Auch in China gilt ein Sprichwort wie das unsere: Was lange währt, wird gut. Hsüä-fëng hat es mit dem Reifen niemals eilig gehabt. Als der letzte Meister, dem er diente, Dö-schan, 865 starb, war er selbst schon 43 Jahre alt.

[1] Hsüä-fëng I-tsun (japanisch: Sep-pô Gi-son), 822–908; vgl. Band I und II die Traditionstafel (Trt) III A 12 c. I-tsun bedeutet ›Rechtschaffenheit besteht‹.

Es war nun für ihn nachgerade an der Zeit, irgendwo ein Amt als Meister anzutreten. Und in derselben Lage war sein sechs Jahre jüngerer Freund und Landsmann aus demselben Landbezirk in Fukien, mit dem er früher schon gewandert war und an den er unter Dö-schan sich besonders angeschlossen hatte: Yän-tou.[1] So gab es sich von selbst, daß die beiden nach dem Tode Dö-schan's sich zunächst auf die Wanderschaft begaben. Ihr nächstes Ziel war, nordwärts den Yangtsekiang zu erreichen. Nach zwei Tagereisen wurden sie auf einem Berge namens Au-schan eingeschneit und mußten sich in einer dortigen Herberge aufhalten. Während Yän-tou, müde von der Fahrt, gesunden Schlaf genoß, verharrte Hsüä-fëng unentwegt im strengsten Zen-Sitz. Yän-tou bemerkte es und mahnte ihn, doch auch zu schlafen. Da gestand ihm Hsüä-fëng seine innere Not. Er tauge nicht zum Meister; er wisse nicht, was er mit Schülern, welche zu ihm kämen, reden sollte. Yän-tou sagte ihm: »Nun teile mir doch einmal mit, was du an Einsichten gewonnen hast! Dann will ich dir das Richtige daran bestätigen und das Ungerade abhobeln.« Es kam zu einer langen Aussprache. Hsüä-fëng zählte auf, was alles ihm bei dem und jenem Meister Eindruck gemacht hatte. Endlich sagte Yän-tou: »Hast du noch nie das Wort gehört: ›Was zum Tor hereinkommt, ist des Hauses Kleinod nicht‹? Wenn du einmal die Große Lehre anderen verkünden willst, so laß es einfach Wort für Wort aus deiner Brust herausströmen, daß es den Himmel überschattet und die Erde einhüllt!« Bei diesen Worten ging in seinem Freund das große Licht auf. Er kniete nieder, betete an, erhob sich und rief immer wieder: »Heute endlich! Die Erleuchtung auf dem Au-schan! Endlich heute die Erleuchtung auf dem Au-schan!«

Yän-tou also hat dem Freund dazu verholfen, seiner eigenen Natur zu folgen, anstatt sich mit fremden Mustern abzuquälen. Hsüä-fëng war von da an ganz er selbst, reich an momentanen Geistesblitzen. Yän-tou seinerseits blieb, wie er bisher sich gezeigt hat: der Mann der ruhigen Überlegung. Auch er war, ähnlich wie Hsüä-fëng, schon früh in ein buddhistisches Kloster eingetreten, kam aber bald infolge guter Leistungen im Aufsatz als Stipendiat nach Tschang-an, der Reichshauptstadt weit im Nordwesten, und genoß eine Ausbildung, die seinen Sinn für theoretisch konsequentes Denken festigte. Die Worte, welche Yüan-wu hie und da von ihm erwähnt, beweisen das. Er hat bei seinem Eintritt in den Mönchsstand nicht umsonst den Namen Tjüan-huo, d. h. ›Ganzeindringen‹, angenommen. Er hatte klare Urteile von dauerhafter Geltung, welche zeigen, daß er das ›Lebenshandwerk‹ eines Zen-Meisters nicht nur praktisch verstand, sondern sich auch über dessen Wesen und Voraussetzungen Rechenschaft zu geben wußte. Ist Hsüä-fëng der Genialere und Impulsive, so ist Yän-tou ihm und vielen Meistern in strenger Denkarbeit voraus. Es ist die Gegensätzlichkeit, durch welche

[1] Yän-tou Tjüan-huo (japanisch Gan-tô Zen-kwatsu), 828–887; Trt III A 12a.

diese beiden Freunde sich ergänzen. Sie tritt auch in dem Beispiel, das hier vorliegt, klar zutage.
Was nun die Zeit betrifft, zu welcher die Besuche der zwei Mönche bei Hsüä-fëng und nachher bei Yän-tou stattgefunden haben, so fehlt in den uns vorliegenden Berichten leider jede sichere Angabe. Die ›Erläuterung‹ zum Beispiel, welche unter Yüan-wu's Namen läuft, gibt freilich einen Zeitpunkt an, nur leider einen falschen, nämlich den der staatlichen Verfolgung des buddhistischen Mönchtums durch den Kaiser Wu-dsung. Dieser gab 845 kurzweg allen Mönchen den Befehl, sich in die Familie, welcher sie entstammten, wieder einzugliedern, so daß die Klöster herrenlos und der Verödung preisgegeben wurden. Aber das war zwanzig Jahre früher, wogegen Dö-schan's Tod, der unser Freundespaar zu seiner letzten gemeinsamen Wanderung veranlaßt hatte, erst 865 eingetreten ist. (Die ›Erläuterungen‹ Yüan-wu's enthalten überhaupt gar manche Fehler und Unstimmigkeiten, die wohl eher auf die Eilfertigkeit von unbedachten Abschreibern, als auf Yüan-wu selbst zurückzuführen sind.) Der Zeitraum also, während dessen die Besuche jener Mönche stattgefunden haben können, beginnt mit Sicherheit erst nach dem Tode Dö-schan's und endet allerspätestens mit Yän-tou's Tode, 887, das heißt 21 Jahre bevor Hsüä-fëng 908 aus dem Leben schied. Das ergäbe einen Spielraum von nicht weniger als 22 Jahren. Beachtet man jedoch, wie lebendig Yän-tou beim Besuch der beiden Mönche noch das Erlebnis auf dem Au-schan (865) in Erinnerung hat, so legt sich der Gedanke nahe, daß die Begegnungen des Beispiels nicht allzu spät nach jener letzten Wanderung der beiden Freunde gewesen sein können.
Verfolgen wir, so gut es geht, wie diese Wanderung im Jahr 865 verlaufen ist! Die Richtung, die das Freundespaar vom Dö-schan-Kloster aus eingeschlagen hatte, ging nordwärts, also zunächst zum Yangtsekiang. Dort aber mußten sie sich trennen. Yän-tou strebte über den ›Langen Strom‹ hinüber in die Provinz Hupe, wo er auf dem Yän-tou-schan bald das erhoffte Amt als Meister übernehmen konnte, so daß er selbst von da ab Yän-tou heißt. Seinen Freund dagegen zog es nach der Heimatprovinz Fukien, fern an der Küste im Südosten. Auch dorthin bot der ostwärts eilende Strom die schnellste und bequemste Route. Von seinem Unterlauf galt es dann noch nach Süden einen langen Weg zurückzulegen, aber in weit milderem Klima. Man wird mit der Annahme kaum fehlgehen, daß Hsüä-fëng um die Jahreswende oder früh 866 in der Hauptstadt seines Heimatlandes, Fu-dschou, eintraf. Ob er auch noch weiter im Südwesten den Bezirk von Tjüan-dschou, in dem er geboren war, besucht hat, ist nicht sicher. Er war ein Buddhamönch, der schon mit acht Jahren aus dem Elternhaus fortgedrängt hatte. Wohl aber stand in Fu-dschou jenes Kloster namens Fu-jung-schan (Lotosblumenberg), in welchem er vor zwanzig Jahren nach langem Aufenthalt in einem älteren Kloster strengsten Stils[1] die erste Einführung in das auch strenge, aber geistig freie Zen erhalten hatte. Der Meister des

Fu-jung-schan-Klosters, Ling-hsün, ein Schüler des Großmeisters Ma, hatte damals es verstanden, sich und sein Kloster der Verfolgung von 845 zu entziehen und sich auch des flüchtigen Mönches I-tsun (des späteren Hsüä-fëng) mit großer Güte angenommen. Hier wollte I-tsun zunächst bleiben, bis sich für seine Wirksamkeit als Meister eine angemessene Stätte zeigen würde.

Als Bleibe wählte sich der völlig Mittellose und auf Einsamkeit Bedachte ein ›steinernes Gelaß‹[1], in dem er ungestört Vergangenheit und Zukunft überdenken und gleichzeitig sich nach Rat und Hilfe umsehen konnte. Er fand im Umkreis seines Jugendaufenthaltes eine große Zahl von Freunden und Bekannten, die bald merkten, daß etwas Besonderes aus ihm geworden war, und sich eifrig um ihn bemühten. So wurde er zuletzt auf jenen Elefantenknochenberg aufmerksam gemacht, der etwa 50 km nordnordwestlich von Fu-dschou zu einer Höhe ansteigt, auf die trotz der schon subtropischen Lage doch gelegentlich auch Schnee fällt. Das leuchtete ihm ein. Er besprach den Plan mit einem weiten Freundeskreis, vermutlich auch schon mit dem nahezu selbständigen Beherrscher der Provinz, Wang Schën-dschï[2].

Dann machte er sich auf – es dürfte im Frühjahr 868 gewesen sein – und stieg selbst zum ersten Male zum Fuß des steil und wild aufragenden Gebirgsstockes hinauf. Mit Hilfe seiner Freunde in der Hauptstadt und unter dem Schutz des Landesherrn Wang Schën-dschï konnte er sich hier oben eine Klause erbauen, in der er weilen, alles Weitere vorbereiten und sich vor allem selbst im Innern fassen konnte, um wirklich Herr und Meister dieser Bergeswelt zu werden. Sie sollte nun nicht länger nach den ›Elefantenknochen‹ heißen, sondern ›Schneekuppe‹, Hsüä-fëng. Es dauerte zwei Jahre oder wenig mehr; 870 waren für den Aufenthalt für Unterricht und Andacht junger Mönche die ersten Bauten fertig,

Fußnote zu Seite 17

[1] Hsüä-fëng, 822 geboren, trat mit Erlaubnis seiner Eltern schon 833 in ein Kloster älteren Stils, das auf Einhaltung der peinlichen Verbote altbuddhistischer Mönchsregel bestand. Dort legte er 838 das Mönchsgelübde ab und nahm den Namen I-tsun (jap. Gi-son) an. Durch das Edikt von 845 aber ging dieses Kloster ein, und erst so fand er den Weg zum Zen des Patriarchen Bodhidharma.

[1] Steinernes Gelaß (schï-schï, jap.: seki-shitsu oder ishi-muro). So nannte man teils ausgehöhlte Räume an Hügelhängen zur Aufbewahrung von Feldfrüchten, teils aber auch mit Steinplatten ausgelegte Gruften in den an Buddhatempel angeschlossenen Friedhöfen.

[2] Wang Schën-dschï: letzter Gouverneur von Fukien unter der Dynastie des Hauses Tang, bei dessen langsamem Zusammenbruch er selbst den Königstitel annahm. Mit Ausnahme eines vorübergehenden Zerwürfnisses von 891 bis 894 nahm sein Interesse und zuletzt seine aufrichtige Verehrung für Hsüä-fëng in steigendem Maße zu.

und Hsüä-fëng konnte seine Tätigkeit eröffnen. Er war inzwischen 48 Jahre alt geworden. Aber seine Lebensarbeit lag erst vor ihm. Für diese hatte er geduldig alle Kräfte aufgespart. Bald stiegen junge Mönche gruppenweise den Fluß und dann den Bach entlang zu ihm hinauf. Schnell drang der Ruf des Meisters in die Lande. Lange Jahre herrschte in dem Kloster Raumnot. Erst nach der Versöhnung mit Wang Schëndschï konnte diesem Mangel abgeholfen werden. Von da an hatte Hsüäfëng in der abgelegenen Gebirgswelt jährlich eine Schar von 1500, ja bis 1700 Schülern.
Es gibt für den Besuch der beiden Mönche vor der Klause Hsüä-fëng's keine klare Zeitbestimmung, außer einer falschen (siehe oben!). Aber alle Überlegung spricht dafür, daß es die Zeit des ersten Aufenthalts hier oben war, als Hsüä-fëng von 868 bis 870 auf dem Berge, den er selber so benannt hat, und nach welchem er nun selber heißt, die letzten Vorbereitungen für seine ungewöhnlich segensreiche Tätigkeit als Meister traf[1].

Hinweis

Hast du in dir nur ein klein wenig Ja-und-Nein, gerätst du in Verwirrung und verlierst dein Herz.« So fällst du unvermeidlich in die Gegend stufenmäßigen Aufstiegs hinunter; denn ohne diesen gibt es nichts für dich umherzutasten und zu suchen.
Saget mir einmal: Was ist [in solchem Fall für einen Seelenführer] nun das Richtige: Loslassen oder Zupacken? Wenn an diesem Punkt einer etwa einen haardünn schmalen Weg zur Aufklärung [des Fragers] vor sich sieht und dabei doch in Wortzusammenhängen stecken bleibt und obendrein sich noch in seinem inneren Triebwerk oder auch in äußerlichen Dingen [wie Gesten mit dem Jakschweif oder mit dem Stock] verwickelt, dann bleibt alles, was er sagt, ›an Gras und Bäumen hängen‹ [wie nach einem Aberglauben die Seelen der Verstorbenen; das heißt: dann bietet man dem Suchenden nichts von lebendigem Zen, sondern nur Gespenster eines toten]. Ja, selbst wenn einer nun sich ganz persönlich hergibt und alles von sich abstreift, so kann es doch geschehen, daß [der Suchende] die Grenzsperre zum Heimatland noch tausend Meilen in der Ferne vor sich sieht.

[1] Wir schließen uns mit dieser Zeitbestimmung dem Kommentar des japanischen Sinologen Inouye Shûten (Hekigan-roku Shin-kôwa, 1936) an, eines der ganz wenigen Erklärer, die den Text auch mit historischer Kritik betrachten.

Habt ihr das trotz allem doch begriffen? – Falls ihr es noch nicht erfaßt habt, so nehmt zunächst einmal ganz einfach einen öffentlichen Aushang, so, wie er fertig vor euch dasteht, auf! Seht einmal her!

Das Beispiel

Wir legen vor:

Zu der Zeit, als Hsüä-fëng sich in einer Klause aufhielt, geschah es, daß zwei Mönche daherkamen und sich in Ehrerbietung verneigten. Kaum hatte Hsüä-fëng ihr Kommen bemerkt, als er mit den Armen das Tor zur Klause aufstieß, schnurstracks auf sie zulief und sie fragte: Was ist denn los?

Die Mönche sagten ebenfalls: Was ist denn los?

Hsüä-fëng ließ den Kopf heruntersinken, drehte sich um und ging in seine Klause zurück.

Später kamen die [beiden] Mönche zu Yän-tou.

Yän-tou fragte sie: Wo kommt ihr her?

Die Mönche antworteten: Wir kommen aus der Gegend südlich der Bergketten[1].

Yän-tou fragte: Seid ihr einmal zu Hsüä-fëng gekommen?

Die Mönche erwiderten: Wir sind einmal dort gewesen.

Yän-tou fragte: Welche Worte hat er denn für Euch gehabt?

Die Mönche erzählten ihm, was vorhin berichtet wurde.

Yän-tou fragte: Was hat er denn geredet?

Die Mönche erwiderten: Er sagte gar nichts, sondern ging gesenkten Hauptes in seine Klause zurück.

Yän-tou sagte: Ach, habe ich es doch schon dazumal bereut, ihm nicht zum Schluß das letzte Wort gesagt zu haben![2] Hätte ich es

[1] Ling-nan: südlich der Gebirgskette oder der Pässe, d. h. zunächst die südlichen Provinzen Kuangtung und Kuangsi, aber wohl auch einschließlich der südlichen Teile der Provinz Fukien mit der Hauptstadt Fu-dschou, in deren Nähe sich der Hsüä-fëng-schan befindet.

[2] So wie oben, muß man nach der Wortfolge des chinesischen Textes wohl oder übel übersetzen. Die Vermutung liegt jedoch sehr nahe, daß der Satz durch Abschreiber verdorben worden ist und daß Yän-tou eigentlich gesagt haben dürfte: »Ach, wie bereue ich, ihm [Hsüä-fëng] nicht schon dazumal im Anfang gleich das letzte Wort zum Schluß gesagt zu haben!«

ihm gesagt, so könnte kein Mensch in der Welt meinem alten Hsüä etwas anhaben.

Zum Schluß der sommerlichen Übungszeit kamen die beiden Mönche auf dieses Gespräch wieder zurück und baten ernsthaft um genauere Erklärung.

Yän-tou sagte: Warum habt ihr mich darnach denn nicht schon früher gefragt?

Die Mönche antworteten: Wir haben uns noch nicht so leicht hervorgetraut.

Yän-tou sagte: Hsüä-fëng und ich, wir leben nach demselben Plan, nicht nach demselben Plane sterben wir. Wenn ihr das letzte Wort zum Schluß wissen wollt – einfach: dieses Dies da.

Gesang

ZUM Schluß ein letztes Wort!
Ich sage es für dich
zur Stunde, da mir Hell und Dunkel beide beides sind.
Wir leben nach demselben Plan und wissen's von einander.
Nicht nach demselben Plane sterben wir.
Es geht verschieden aus;
Ja umgekehrt, verschieden.
Braungesicht[1] und blaue Augen[2] scheiden wir hier aus.
Ihr in Süd, Nord, Ost und West, wohlauf wir kehren heim!
In schwarzer Nacht noch siehst du hoch
auf tausend Gipfeln Schnee.

[1] Braungesicht: wörtlich: gelblich brauner Kopf, ein Ausdruck für Gautama Shâkyamuni, also für den Buddha aus dem Geschlecht der Shâkya's.

[2] Blaue Augen: beliebter Ausdruck für den Begründer des chinesischen Tschan (Zen), Bodhidharma. – Der Satz bedeutet, daß der Unterschied, den Yän-tou zwischen sich und Hsüä-fëng aufstellt, mit den Regeln des Buddhismus und der Zen-Lehre nichts zu tun hat.

Erklärungen zum Text

Zu Yüan-wu's Hinweis

»Hast du in dir nur ein klein wenig Ja-und-Nein, gerätst du in Verwirrung und verlierst dein Herz.« Damit greift Yüan-wu zwei Verse aus der ›Meißelschrift vom Glauben an den Geist‹ auf, die den ›Dritten Patriarchen‹ des Zen-Buddhismus, Sëng-tsan (gest. 606) zum Verfasser hat[1].
In diesen Worten liegt die Quintessenz des Mahâyâna, des ›Großen Fahrzeugs‹ der buddhistischen Religion und Philosophie, und die meisten der im Bi-yän-lu gesammelten Lehrbeispiele kreisen letztlich um diesen einen Gedanken.
Im vorliegenden Beispiel aber geht es weniger um Erkenntnistheorie als vielmehr um Fragen der Seelenführung. Sie war im China jener Zeit die Hauptaufgabe der Meister der Versenkung (indisch: Dhyâna, chinesisch: Tschan, japanisch: Zen). Und die Beispielsammlung Hsüä-dou's, die Yüan-wu mit eigenen Zusätzen weitergibt, ist zunächst gar nicht für Leser jeder Art bestimmt, sondern hat in erster Linie die Ausbildung künftiger Zen-Meister im Auge. Und diese stehen ständig vor der schweren Frage: Wie kann ich dem, der sich mir anvertraut, am besten helfen?
Auch hier nun, in der Methodik, den Suchenden an die Erleuchtung heranzuführen, spielt das Ja und Nein eine gewichtige Rolle. Für das ›Nein‹ hat man in der Zen-Psychagogie die Ausdrücke ›Zupacken‹ bzw. ›Festhalten‹ oder ›Gefangennehmen‹ oder ›Töten‹. Damit ist die ›Richtung überwärts‹[2] gemeint, in welcher alle Unterscheidungen ihr Recht verlieren, so daß auch nicht ein Stäubchen übrigbleibt. Hier wird dem Schüler alles weggenommen; auf jeden Halt muß er verzichten, alles in sich, sogar sich selbst ertöten. Für das ›Ja‹ sagt man entsprechend: ›Loslassen‹ oder ›Freigeben‹ oder ›am Leben lassen‹ bzw. ›Lebendigmachen‹. Dieser Weg führt in die ›Richtung niederwärts‹, also dahin, wo es gilt, die bunte Welt der Dinglichkeiten ohne Leidenschaft gerade so zu nehmen, wie sie eben ist: jedes Ding vom andern unterscheiden, jedes an dem ihm gegebenen Ort, mit dem ihm gestellten Zweck und

[1] Vgl. hierzu Band I, Seite 75f. – Die dort genannte Übersetzung ist zu ergänzen durch die von Arthur Waley in: Edward Conze, Buddhist Texts through the Ages, Oxford 1954, deutsch von Marianne Winder in: Im Zeichen Buddhas, Fischer-Bücherei 1957, S. 244–248; sowie durch die von L. Wang und J. M. in: Tch'an (Zen), Textes chinois fondamentaux, Témoignages japonais, Expériences vécues contemporaines, Collection Hermès, Paris 1970, S. 81–85.

[2] Siehe Seite 122f. dieses Bandes.

Sinn und in der ihm eigenen Gestalt. Hier wird dem Suchenden nichts mehr genommen, hier wird ihm gegeben: »Alles ist euer!«
Zwischen diesen beiden diametral entgegengesetzten Wegen nun von Fall zu Fall die richtige Wahl zu treffen, ohne den ihm Anbefohlenen fehlzuführen oder zu verwirren, das ist eines Meisters schwerste und verantwortungsvollste Aufgabe. Yüan-wu schildert ausführlich, wie leicht hier auch der beste Seelenführer sich einmal vergreifen kann. Dann geht dem Hörenden vielleicht zwar eine Ahnung von der angepriesenen ›Heimat‹ seiner Seele auf, aber so, daß er sie erst nur in fast unerreichbar weiter Ferne sieht.
Doch alles bisher hier Gesagte ist von allgemeiner Geltung. Der spezielle Sinn, auf welchen dieser Hinweis Yüan-wu's zielt, geht ganz genau auf Hsüä-fëng selbst, die Hauptperson im ersten Teil des Beispiels, das nun folgt. Dieser sieht sich dort in einem ganz besonders schwierigen Dilemma. Er sieht zunächst wohl einen »haardünn schmalen Weg« zum Dienst an den Besuchern, zur Erfüllung seiner Aufgabe, sie ohne Schaden zwischen Nein und Ja, ›Zupacken‹ und ›Loslassen‹ hindurchzuführen. Im nächsten Augenblick muß er erkennen, daß vorderhand nach jeder Seite hin der Weg versperrt ist. Das ist enttäuschend, ist ein Schmerz. Und somit deutet Yïan-wu schon im ›Hinweis‹ auf das eigentliche Thema dieses Beispiels: auf den Schmerz, den jeder Zen-Meister an Dutzenden erlebt, und den er deshalb auch verstehend und geduldig tragen muß.

Zum Verständnis des Beispiels

Wie schon oben ausgeführt, gehen wir von der begründeten Vermutung aus, daß die ›Klause‹, von der hier geredet wird, diejenige ist, in der sich Hsüä-fëng in der Zeit von 868 bis 870 am hochgelegenen Fuß des Hsüä-fëng-Berges aufgehalten hat, um für die Errichtung eines Klosters alles Nötige vorzubereiten. Und wir dürfen wohl annehmen, daß er den Besuch der beiden Mönche eher gegen das Ende dieser Zeit, also um 870, erhielt, als früher. Es muß von seinem großen Plan in Fu-dschou schon viel geredet worden sein, sonst hätte schwerlich jemand diese Mönche auf ihn hingewiesen. Man kann sogar annehmen, daß auch sein alter Freund fern auf dem Yän-tou-schan in Hupe schon längst Kunde von ihm hatte; sonst würde dieser die zwei Mönche, als sie kamen, nicht nach ihm gefragt haben. Auch daß Yän-tou ihn humorvoll seinen ›alten Hsüä‹ nennt, wo dieser doch bis dahin einfach I-tsun geheißen hatte, könnte als Beweis hierfür herangezogen werden, herrschte nicht in Fragen von Zeitunterschieden bei den Überlieferern der Zen-Geschichte allzuviel Gleichgültigkeit.
Über das Benehmen Hsüä-fëng's beim Herannahen der Mönche kann man bei der Knappheit des Berichtes nur Vermutungen anstellen. Fest-

zuhalten ist, daß er in einer Klause lebte, und das heißt: seine Stille ungestört bewahren wollte. Dieses aber in dem ausgereiften Vorsatz, wenn es soweit ist, sich jedem, der mit seinen inneren Problemen zu ihm käme, willig zur Verfügung zu stellen. Die Plötzlichkeit, mit der er, ohne den Besuch nur abzuwarten, gleich das Tor aufstößt und auf die beiden Mönche losgeht, stimmt mit dem Bild, das wir aus früheren Beispielen schon gewonnen haben, genau zusammen. Ebenso die knappe Frage: »Was ist denn?«

Die beiden Mönche aber sind von dem Benehmen dieses ihnen sicher angerühmten Mannes ganz frappiert. Hätte sie ein tieferes Verlangen hergeführt, würden sie sich in das Ungewöhnliche dieser Begrüßung leicht gefunden und in aller Offenheit ihr Anliegen geäußert haben. Aber ihnen lag an einer ernsteren Begegnung nichts. Sie hatten nur gehört, hier oben hause ein in der Stadt bereits berühmter Mann, und wollten den sich einmal ansehen. Anstatt daß dieser nun, wie es gerade für Berühmtheiten sich doch gehört, in seiner Klause würdig sitzen bleibt, bis seine Gäste angerückt sind, läuft er beim ersten Anblick auf sie zu und fragt: »Was ist denn?« Da können die bestürzten Herrn Besucher nur die gleiche Gegenfrage stellen: »Ja, was ist denn?«

Das hatte Hsüä-fëng freilich nicht erwartet. Und gleich ist ihm auch klar: für diese Leute bin ich nicht da. Hier ist jedes Wort verloren, ist im Gegenteil nur schädlich. Wie ein Getroffener senkt er das Haupt und geht still zurück in seine Klause.

Die zwei Mönche stehen zunächst auch betroffen. Mit dem Besuch bei dem so sehr gerühmten Hsüä-fëng ist es nichts. Aber immerhin, wir haben ihn gesehen und können nun erzählen, was für ein Kauz das ist. Ohne eine Spur von Würde läuft er uns entgegen, fragt ohne ordentlichen Gruß: »Was ist denn?«, und wie wir ihm verblüfft die gleiche Gegenfrage stellen, blitzt er ab und ist erledigt. Immerhin ein ungewöhnliches Erlebnis auf der Fahrt, von dem man anderen erzählen kann.

Die zwei Wandermönche ziehen weiter von Fukien landeinwärts, suchen überall, wohin sie kommen, Klöster auf, wo sie Herberge finden, und hören sich nach Meistern um, die einen Namen haben. Nach Wochen oder Monaten gelangen sie in den südöstlichen Winkel der Provinz Hupe (östlich von Yo-dschou am Ausfluß des Dung-ting-Sees) auf den Yän-tou-schan zu Yän-tou. Dieser fragt sie über ihre Reise aus und ist dabei, wie immer, von Anfang an darauf gespannt, etwas von seinem Freund in Fukien zu erfahren. Durch solche Wandermönche hielten sich die Meister jener Zeit über ihre Freunde ständig auf dem laufenden. Der Antwort der zwei Mönche merkt man an, daß sie etwas betreten waren, in dem berühmten Yän-tou einem Freund des komischen Einsiedlers am Hsüä-fëng-schan zu begegnen. Er fragt sie sofort nach diesem aus. Ihr Bericht ist nur halb wahr: »Er sagte gar nichts, sondern ging nur mit gesenktem Kopf zurück in seine Klause.« Yän-tou durchschaut sie auf der Stelle und weiß ganz genau, warum sein Freund auf jedes weitere

Wort verzichtet hat. Und er möchte ihnen nun dazu verhelfen einzusehen, was in seinem Freunde damals vorgegangen ist und was ihn so geknickt hat.

Das war der Kummer über eben diese beiden Gäste, die hier vor ihm standen, über ihre geistige Verstocktheit, ihre Unzugänglichkeit. Und dies ist eines jeden Zen-Meisters, ist auch Yän-tou's Kummer. Sagen aber kann man das dem anderen nicht. Man kann nur abwarten, ob es ihm einmal von selbst aufdämmert. Und so schiebt Yän-tou zwischen sich und die zwei Mönche seinen alten I-tsun vor, der inzwischen auf dem Sprung ist, Meister auf dem Hsüä-fëng-schan zu werden, es vielleicht seitdem sogar geworden ist. Dem, sagt er, fehlt wohl leider die Erkenntnis, die wir Meister brauchen, um an unserem schweren Amt nicht zu verzweifeln. Damals auf dem Au-schan durfte ich ihm helfen, Mut zu seiner innersten Natur, zu seiner Buddhaschaft, zu finden. Die ist allerdings der Weisheit letzter Schluß. Doch in dieser süßen Frucht steckt immer noch ein bitterer Kern. Nämlich der, daß es so vielen anderen nicht gelingt, diese Frucht zu finden oder ihre Süße recht zu schmecken. Darauf war mein alter »I«, oder jetzt »mein alter Hsüä« beim Besuch der beiden Mönche hier allem nach noch nicht gefaßt. Zu dem, was ich ihm damals auf dem Au-schan sagte, fehlte noch *das letzte Wort*. Und indem so Yän-tou vor den Gästen sein Bedauern ausspricht, seinem Freunde damals nicht schon gleich zum Schluß »das letzte Wort« gesagt zu haben, will er sie darauf begierig machen, »dieses letzte Wort« zu hören und womöglich zu begreifen, das aber heißt: ihren eigenen Zustand endlich einzusehen.

In dieser Hinsicht aber sind die beiden Mönche noch genauso ahnungslos, wie schon auf dem Hsüä-fëng-schan. Nicht einmal, daß sie fragten, wie dieses ›letzte Wort‹ nun laute. Doch nehmen sie Yän-tou's Einladung gerne an, die sommerliche Übungszeit in seinem Kloster mitzumachen. Sie schließen sich bei allem an, und endlich, wie es an den Abschied geht, fällt ihnen sogar ein, einmal zu fragen, was eigentlich der Meister da vor einigen Wochen mit jenem ›letzten Wort‹ gemeint habe, das er seinem Freunde Hsüä-fëng schon auf dem Au-schan hätte sagen sollen. Nun hält ihnen Yän-tou schonend, aber deutlich ihre Stumpfheit vor, und sie bezeugen diese vor ihm noch einmal mit ihrer dürftigen Entschuldigung. Yän-tou bleibt auch jetzt bei der ihm eigenen sublimen Tonart. Er erzählt den beiden von dem Unterschiede, der bereits schon zwischen ihm und seinem besten Freund besteht. Sie haben beide sich dem Buddhatum verschrieben, leben nach derselben Regel, nach demselben Plan (wörtlich heißt es: ›auf demselben Zweig‹). Dennoch steht das Schicksal eines jeden unter seinem eigenen, besonderen Gesetz. Dies wird, so meint Yän-tou, sich zum mindesten bei seinem Tode zeigen.

Man erzählt von Yän-tou, daß er hie und da geäußert habe, wenn er einmal sterbe, werde er einen gewaltigen Schrei ausstoßen. So geschah

es auch. Im Jahr 887, als in Mittelchina eine Volkserhebung ausgebrochen war und auch aus dem Yän-tou-Kloster alle Insassen geflüchtet waren, blieb Yän-tou unerschütterlich allein zurück. Als dann eines Tages eine Rotte von Aufständischen bei ihm eindrang, forderten ihn diese auf, mit ihnen zu essen, also sich ihrem Aufstand anzuschließen. Da er sich weigerte, zogen sie die Schwerter und hießen ihn niederknien. Yän-tou befolgte es, tat einen lauten Schrei und brach zusammen.
Yän-tou ist also in der Tat nach ›anderer Regel‹ gestorben als einundzwanzig Jahre später sein Freund Hsüä-fëng. Und diese Unterscheidung war ihm wichtig als Symbol dafür, daß jeder Mensch sein eigenes Schicksal und damit seine ganz besondere Eigenart besitzt und bis ans Ende tragen muß. Dies gilt für solche, die im Zen sich ihrer Buddhaschaft bewußt und dadurch frei geworden sind, genauso wie für jeden andern Menschen. Und damit muß besonders ein Zen-Meister rechnen, wenn er mit anderen zu tun hat, die wie jene beiden Mönche stumpf und unzugänglich sind. Wenn Hsüä-fëng beim Zusammentreffen mit den beiden fragt: »Was ist denn«, so hat er darauf nun mit Yän-tou's ›letztem Wort‹ die einzig richtige Antwort: »Einfach dieses Dies-da«, die betrübende Erfahrung, daß immer noch das Dunkel groß ist und die Helle nicht begreifen will.

Zum Verständnis des Gesangs

Hsüä-dou's Gesang zu dem von ihm geformten Beispiel ist unseres Erachtens einer seiner allerbesten. Und wer den Fortschritt der Gedanken des etwas komplizierten Beispiels sorgfältig verfolgt, wird sich von den Versen Hsüä-dou's ohne weiteres erheben lassen. Hebt doch Hsüä-dou selbst die ganze umständliche Geschichte zwischen Hsüä-fëng, Yän-tou und den beiden Mönchen gleich zu Beginn in eine Höhe, in der man nicht mehr fragen kann: wer ist hier ich und wer ist du. Oder besser: hier ist der Dichter ›ich‹ und wir sind ›du‹. Und welches ist die Situation, aus welcher dieser Dichter spricht? Es ist »die Stunde, da mir Hell und Dunkel beide beides sind«. Man höre sich das an und denke nach. Hell ist zugleich Dunkel, Dunkel also zugleich Hell. Und diese Einsicht, wenn du sie gewinnst, ist wiederum zwar hell, und doch sehr dunkel. Und dieses Dunkel gibt doch wieder Helle.
Alles dies erschließt der Dichter aus den Worten Yän-tou's von der Unterschiedlichkeit des Schicksals. Und er ist sich klar darüber, daß, um dies zu wissen, man der Lehre Buddha's oder Bodhidharma's nicht bedarf. Denn diese Tatsachen erfährt jeder, gleichviel welcher Religion er angehört.
Hsüä-dou also ist, genau wie Yän-tou, echt chinesischer Realist. Das herrliche Gefühl der Freiheit, das der Glaube, das die Buddhaschaft gewährt, täuscht ihn über den betrübten Zustand dieser Welt und ihrer

Menschen nicht hinweg. Jeder ist in seinem eigenen Sein und Wesen festgehalten, ist wie im Gefängnis. Aber seine Freiheit ist nun eben, daß er diese seine Lage klar erkennt und sie bejaht. Dann ist er daheim bei sich und kann auch im Dunkel noch das Helle sehen.
So ruft Hsüä-dou denn am Ende alle Menschen in der Welt zur Heimkehr auf. Diese ist nun freilich anderer Art, als was wir Christen Heimkehr nennen. Ihm geht es darum, daß wir uns in dieser Welt, in diesem unserem Erdenleben aller Not zum Trotz dennoch zu Hause fühlen. Und dies eben durch das »willige Ja zur Dinglichkeit«, das uns in früheren Kapiteln schon eindrücklich geworden ist, also durch geduldiges Sichfügen. Dann sehen wir allerdings kaum jemals reine Helle, aber auch nie völliges Dunkel. Es scheint in jede Finsternis noch ein Strahl Licht hinein. Und weil Hsüä-dou selbst auf dem Schneemuldenberg daheim ist, und es auch im Beispiel um den Hsüä-fëng, die ›Schneekuppe‹ geht, bleibt er in dem Bild der reinen Helle, die in Chinas fernem Westen auch in finsterer Nacht noch von den Alpengipfeln dort herunterscheint.

Zweiundfünfzigstes Beispiel

Dschau-dschou's Steinbrücke und Bretternotsteg

Zur Orientierung

Nachdem uns Hsüä-dou in Hsüä-fëng und Yän-tou zwei bedeutende Gestalten, ein Genie und einen Denker, vorgeführt hat, erscheint es ihm geraten, einem Mißverständnis vorzubeugen. In der Bewunderung für Hsüä-fëng könnte man, so fürchtet er, leicht auf den Gedanken kommen, so etwas wie Zen sei eben eine Sache für ganz seltene, geniale Menschen. Und Yän-tou's Beispiel könnte einen auf die Meinung bringen, zum Zen gehöre eine ganz besondere Schulung in strengem, konsequentem Denken. Hsüä-dou will in keiner Weise leugnen, daß für einen Meister, welcher anderen zum Licht verhelfen will, auch Qualitäten von der Art, wie Hsüä-fëng und Yän-tou sie besitzen, sehr erwünscht sind. Dennoch bilden diese Eigenschaften nicht das Haupterfordernis für einen, welcher in den Geist des Zen eindringen möchte oder gar in sich den Drang empfindet, Führer anderer zu werden.

Um zu zeigen, worauf es ihm ankommt, und worin der eigentliche Kern des Zen besteht, stellt uns Hsüä-dou wieder einmal Dschau-dschou vor, den er schon im Anfang seiner Sammlung gleich auf Bodhidharma folgen ließ. Über dessen Leben ist schon dort das Nötige berichtet (vgl. Band I, Seite 73f.). Wir erinnern, daß er Nordchinese war, schon als Knabe in buddhistischem Kloster aufgewachsen, sich dann siebzehnjährig (795) an den eben seine Tätigkeit beginnenden Nan-tjüan angeschlossen hatte, um bei diesem bis zu dessen Tod (834) und aus Pietät noch einige weitere Jahre dort zu bleiben. Dann erst, also etwa achtundfünfzigjährig, trat er die für künftige Meister notwendige Wanderung an und nahm sich auch dafür etwa zwanzig Jahre Zeit. In einem Alter, in dem andere dem Tode nahe sind, mit 79 Jahren, ließ er endlich sich als Meister im Bezirk von Dschau-dschou nieder, also um 857. Aber er besaß den langen Atem, um hier noch vier Jahrzehnte lang zu wirken, bis er 897, einhundertzwanzigjährig, still die Augen schloß.

Die einstige Bezirksstadt Dschau-dschou ist im Laufe der Jahrhunderte nahezu verödet. Ihre Reste bilden heute eine Kreisstadt, an der die Bahnlinie von Peking nach Honan in einer Entfernung von etwa 12 km westlich vorbeiführt. Gut fünf Kilometer von der alten Stadt entfernt stand das Kloster, wo der betagte Meister wirkte. Es hieß nach dem Bodhisattva Avalokiteshvara (chinesisch Guan-yin und japanisch Kwannon), welchem das berühmte Lotos-Sutra ein besonderes Kapitel des Lobpreises widmet. Von der Stadt zu diesem Kloster ging es durch ein unwegsames Gelände. Dschau-dschou (heute: Dschau-hsiän) liegt in einer Ebene am

Fuß der Ausläufer des Gebirges, das die Grenze zwischen den Provinzen Hope und Schansi bildet. In dem Flachland treffen sich Gewässer von verschiedenen Tälern und stauen sich vor einem leicht erhöhten Küstenstreifen. Da es an der Regulierung fehlte, hatte sich der Fluß ein ungewöhnlich breites Bett von Steinen, Tümpeln, Sümpfen und stets neuen Rinnsalen geschaffen. Um dem Übelstande abzuhelfen, hat man gegen das Ende der Han-Zeit, d. h. im zweiten Jahrhundert n. Chr. Geb., durch geeignete Zusammenfügung des Gesteins einen Damm geschaffen, auf dem sich das Gelände überqueren ließ. Das Bauwerk wurde bald berühmt; es hieß ›die steinerne Brücke‹ von Dschau-dschou.

Yüan-wu teilt in der ›Erläuterung‹ zum Beispiel sogar den Namen des Erbauers dieser ›Brücke‹ mit. Es war kein Geringerer als der von der chinesischen Geschichtsschreibung gerühmte Staatsmann Li Ying, der in jener Zeit des Niederganges gegen die gefährliche Umgarnung des Monarchen durch die Clique der Eunuchen seines Harems mannhaft aufgetreten ist und zuletzt im Jahr 169 im offenen Kampf mit deren Mietlingen sein Leben eingebüßt hat.

Seit Li Ying also gab es in China eine ›Steinbrücke‹, wenn sie auch freilich anders aussah als das, was wir uns heute unter diesem Wort vorstellen. Der Name fand sogar noch weitere Verwendung. In zwei Gebirgen, die von frommen Pilgern viel besucht waren, nämlich im Gebiet des Hëng-schan in Hunan und im Gebirgsstock des Tiän-tai-schan[1] gab es je einen hohen Berg mit langgezogenem, scharfem Grat, welch letzterer für Pilger so behauen war, daß man mit einiger Vorsicht darauf gehen konnte, ohne abzustürzen. Auch diese Gratwanderwege hießen ›Steinbrücken‹, und so gab es dann später in der Tang-Zeit deren drei, zwei im Gebirge, eine in versumpfter Heide.

Wie es nun zur Zeit des Meisters Dschau-dschou Tsung-schën um die berühmte Steinbrücke des Bezirkes wirklich stand, darüber ist aus dem Text des Beispiels gar nichts Sicheres zu entnehmen. Sicher ist nur, daß der Wandermönch einen Notsteg aus aufgelegten Brettern benützen mußte und von einer Steinbrücke nichts gesehen hat. Eher könnte man aus Dschau-dschou's Worten schließen, daß die alte Straße doch noch da war. Und tatsächlich konnten wir durch einen Zufall dies bestätigt finden. Ein heutiger Zen-Schriftsteller in Japan[2] teilt in einer kleineren Beispielsammlung ein Gedicht des alten Dschau-dschou mit, in welchem dieser von der Lage seines Klosters spricht, indem er sagt: »Von Dschau-dschou her im Süden, vom Steinbrückenweg im Norden, da gibt es im Guan-yin-Zenhof den kommenden Buddha Maitreya.« Wenn somit das Kloster Dschau-dschou von der Stadt her etwa eine Stunde weit im Süden gelegen war, so verlief der Straßendamm, die ›Steinerne Brücke‹, wahrscheinlich auch in reichlicher Entfernung weiter südwärts.[3]

[1] Tiän-tai-schan (jap.: Ten-dai-san): in der Provinz Tschekiang südlich von Ning-po; Sitz der Tiän-tai (jap. Ten-dai-)Schule; vgl. Register Band I und II.

Wie nun der Mönch, von welchem unser Beispiel handelt, den vielgerühmten, aber ganz bescheidentlichen Meister Dschau-dschou vor sich sieht, da fällt ihm das Gerücht von jener ›Brücke‹ ein, die er auf seinem Herweg nicht gefunden hat. Er sagt, er sei enttäuscht, hier statt der ›Steinbrücke‹ nur einen Bretternotsteg anzutreffen, und spielt damit recht taktlos darauf an, daß auch der Anblick dieses alten Mannes nicht seinen Erwartungen entspreche. Dieses für uns anstößige Benehmen bedarf jedoch noch einer näheren Erklärung.
Schon der japanische Mönch En-nin, ein Angehöriger der streng konservativen Tiän-tai-Schule, der sich von 838 bis 847, also gerade während Dschau-dschou's Lebenszeit, in China aufgehalten hat, vermerkt mit Mißfallen die »rauh unmittelbare Art der Zen-Mönche«. Diese aber hängt damit zusammen, daß es im Zen-Verkehr tatsächlich darum geht, den anderen bis ins Herz zu treffen. Die Frage ist nur: wie, in welcher Tonart? Und außenstehende Beobachter, wie z. B. der ›Aufwärter‹ Guo (vgl. Band II, Seite 119), gewinnen leicht den Eindruck, es handle sich hier nur darum, ›in jedem Fall die Oberhand zu behalten‹. Wer zum Zen-Meister kommt, erwartet es geradezu, von diesem kräftig angefaßt zu werden. Und darum kratzt er selbst gleich zu Beginn den Meister an, um ihn aus der Reserve leicht herauszulocken. Nur so kann man die lange Reihe ähnlicher Verhaltensweisen sich erklären, die wir im andern Falle glatt als unverschämt bezeichnen müßten.
Was nun den Text betrifft, mit welchem wir uns zu befassen haben, so ist diesmal der sonst übliche ›Hinweis‹ Yüan-wu's verlorengegangen. Es kann hier also nur das Beispiel selbst, wie schon Hsüä-dou es formuliert hat, und der von diesem selbst gedichtete Gesang geboten werden. Und weil weiterhin in dem Gesang von Dschau-dschou nur die beiden ersten Zeilen handeln, die beiden nächsten aber diesem einen anderen Meister gegenüberstellen, so halten wir es für geboten, den Bericht, auf welchen Hsüä-dou sich bezieht, unmittelbar an den Gesang anzuschließen.
Es handelt sich darin um einen bisher nicht genannten Meister namens Guan-tji Dschï-hsiän[1], der sich in einer steilen Schlucht an einem Gießbach aufhielt. Er war ein Schüler des berühmten Meisters Lin-dji (jap. Rin-zai). Er muß in der Selbstpeinigung sehr weit gegangen sein; es

Fußnoten zu Seite 30

[2] Yamada Mumon: Hekigan Monogatari, Tôkyô 1964.
[3] Genaueres über den Verlauf der ›Steinernen Brücke‹ ließ sich leider nicht ermitteln. Der japanische Buddhologe Tokiwa Daijô hat zwar im Herbst 1921 auf einer großen Forschungsreise auch Dschau-dschou besucht und eine siebenstöckige Steinpagode zur Erinnerung an den großen Meister gefunden, in den Resten des einstigen Klosters aber die Geschäftsstelle der örtlichen Bauernschaft, welche er nur mit Genehmigung des Bauernführers betreten durfte. Von der ›Steinernen Brücke‹ erwähnt er nichts.

wird von ihm berichtet, er habe seinen Hals sogar in den berüchtigten Holzkragen eingespannt, der einst in der chinesischen Strafjustiz gebräuchlich war.

Das Beispiel

Wir legen vor:

EIN Mönch trat vor Dschau-dschou mit der Frage [d. h. mit der auf eine Antwort rechnenden Bemerkung]: Mir klingt seit langer Zeit die Steinbrücke von Dschau-dschou in den Ohren. Und wie ich nun hierher komme, da finde ich nichts als notdürftig aufgelegte Bretter.
Dschau-dschou antwortete: Du siehst eben nur den Bretternotsteg, aber nicht die Steinbrücke.
Der Mönch sagte: Was ist es denn mit der Steinbrücke?
Dschau-dschou antwortete: Auf der kommen die Esel herüber, und kommen die Pferde herüber – – – – – –

Gesang

NICHTS einsam Steiles stellt er hin,
sein ganzer Weg ist Höhe.
Auf See beim Angeln ist er nur
auf Riesenschildkröten aus.
Magst lachen, wenn zu gleicher Zeit
vom Gießbachtal der Alte
Es »pfeilschnell« nennt. Auch das, versteh!
bedeutet Kraftvergeudung.

Fußnote zu Seite 31

[1] Guan-tji Dschī-hsiän (jap.: Kwan-kei Shi-kan), gest. 895, war zwar ein Schüler des großen Meisters Lin-dji, schloß sich aber später an eine in strengster Askese lebende Nonne namens Liau-jan (jap.: Ryô-nen) an, von welcher er sich ihren hölzernen Halskragen anlegen ließ. Erst nachher gewann er volle Freiheit und wurde Meister in der schon erwähnten Gießbachschlucht.

Aus der ›Erläuterung des Gesangs‹
von Yüan-wu

Ein Mönch kam zu Guan-tji, dem ›Alten in der Gießbachschlucht‹, und sagte: Schon lange klingt die Gießbachschlucht mir in den Ohren; und wie ich nun hier bin, finde ich nichts als ein paar Wasserlachen, in denen man zur Not Hanf waschen könnte.
Der Alte erwiderte: Du siehst eben nur die Wasserlachen, aber nicht die Gießbachschlucht.
Der Mönch sagte: Und wie ist es mit dieser?
Guan-tji erwiderte: Da schießt das Wasser pfeilschnell herunter.

Das Gespräch, das Yüan-wu hier aus Hsüä-dou's Beispielsammlung vorlegt, ist ganz kurz. Es besteht nur aus zwei Anreden oder Fragen eines Mönchs und Dschau-dschou's Antworten darauf. Jeder, der sie liest, wird sich dabei seine eigenen Gedanken machen. Aber bei der knappen Kürze des Berichts kann es gar leicht geschehen, daß seine Reflexionen fehlgehen. Zum Glück hat Hsüä-dou selbst in dem Gesang, den er dem Beispiel folgen läßt, den Sinn und das Ergebnis dieser Unterredung so klar angedeutet, daß man am besten tut, sich einfach an ihn zu halten; und dies besonders dann, wenn es dem einen oder anderen schwerfällt, die starke Wirkung dieser Worte Dschau-dschou's mit dessen absoluter Schlichtheit in Einklang zu bringen.
Wenn Hsüä-dou im Gesang von Dschau-dschou als von einem Fischer spricht, so kann das nur bedeuten, daß der alte Meister sich in dem Gespräch mit jenem Mönch als Fischer zeige, und zwar als einer, der nur auf die einträglichste, die größte Beute ausgeht, nämlich auf den Au, die Riesenschildkröte, auf derer größten Exemplaren Weltteile ruhen können, und die auch in ihren weniger sagenhaften Artgenossen alle angelbaren Meerbewohner an Gewicht und Größe übertrifft. Wenn Dschau-dschou also sich auf diesen Mönch und seine unverblümte Anspielung doch willig einläßt, dann, so muß man schließen, nur, weil er in ihm etwas Besonderes erblickt, eine ›Riesenschildkröte‹, die zu angeln es sich lohnt.
Der Mönch bedauert es, daß er auf seinem Weg zu Dschau-dschou's Kloster nicht die altberühmte ›Steinbrücke‹ gefunden habe, sondern vielmehr genötigt war, den unbequemen Bretternotsteg zu benützen. Dschau-dschou redet ihm in aller Güte diesen Ärger aus. »Du hast eben nur den Brettersteg gefunden und siehst auch jetzt nur diesen, aber nicht die Steinbrücke.« Seine Worte überlassen es durchaus dem Mönch, ob dieser sie buchstäblich auffaßt oder als ein Gleichnis für den Meister selbst. Dabei weiß er natürlich ganz genau, daß der Mönch ihn selber treffen wollte, und deshalb auch die erwartete Antwort gar nicht auf die Brücke, sondern auf ihn selbst bezieht. Also will er sagen: du siehst jetzt eben nur die äußere Erscheinung eines alten Mannes vor dir, aber nichts von mir.
Dschau-dschou hält sich durchaus an die ihm gestellte Frage nach der Brücke, aber eben in dem Sinn, in dem der Mönch es meint. Das heißt: er gibt sich selbst, und das in seiner ganzen Einfachheit und Güte. Auf dieser Brücke, sagt er, gehen Esel, gehen Pferde – – – –, die, will er sagen, ist fest und breit genug für den ganz allgemeinen Verkehr; da kann jeder kommen und gehen, natürlich auch du.
In einer Zen-Geschichte, welche später als das Bi-yän-lu abgefaßt worden ist, aber wohl auch ältere Überlieferung enthält[1], wird berichtet, dieser Mönch habe auf die zweite Antwort Dschau-dschou's hin noch

eine dritte Frage gestellt, nämlich die: »Und wie ist es mit dem Bretternotsteg?« Darauf habe Dschau-dschou erwidert: »Auf dem kommt je und je ein Einzelner daher«, Auch diese dritte Antwort liegt genau auf Dschau-dschou's Linie.

Und was sagt der Alte nun mit seinen Worten dem selbstbewußten Gast auf seine Gleichnisse von Steinbrücke und Bretternotsteg? Er will ihm, dünkt uns, sagen: Du hältst dich für etwas ganz Besonderes, und erwartest das erst recht von mir, dem Älteren. Du denkst, ich müsse dir jetzt etwas Bedeutendes sagen, was du dann nachher auch anderen erzählen kannst. In diesem Sinn vergleichst du mich wohl mit der steinernen Brücke. Nun ja, auch ich betrachte meinen Lehrberuf weit mehr im Bilde jener Steinbrücke als in dem des Bretternotstegs. Und zwar einfach deshalb, weil auf die erstere mehr Füße treten können als auf letzteren: Eselsfüße, Pferdefüße, Schuhe feiner Herren, Strohsandalen schlichter Leute oder nackte Sohlen armer Bettler. Den Bretternotsteg können alle diese nicht benützen.

Die Steinbrücke, von welcher Dschau-dschou spricht, ist offenbar nicht dieselbe, die der Mönch sich vorgestellt hatte, nichts Stolzes, Rühmenswertes, eher ein Objekt, das sich recht viel gefallen lassen muß. Und von etwas Wichtigem, was hierbei eine Rolle spielt, sagt Dschau-dschou keine Silbe: daß nämlich eine Brücke oder auch ein Brettersteg nie an sich selber denken, sich selber weder brüsten noch beklagen kann. Er sagt das nicht, denn er ist selbst die reine Einfalt. Aber um so mehr muß eben diese den selbstbewußten Gast getroffen haben.

Der japanische Erklärer Katô Totsudô vergleicht das Zwiegespräch zwischen dem Mönch und Dschau-dschou mit einem echt japanischen Ringkampf (Sumô), in dem zwei fast abnorm wuchtige Leiber aufeinanderprallen, Männer mit mächtig muskulösen Armen sich umfassen, drücken, drängen, stampfen, stoßen, bis der eine umfällt oder aus dem scharf umgrenzten Ringerkreis hinausgezwungen wird. Dschau-dschou, sagt er, wende in dem Ringkampf sozusagen einen der 42 Sumô-Kunstgriffe an, den sogenannten ›Achselrückzieher‹ (Katasukashi). Während der Angreifer mit beiden Schultern heftig auf die seines Gegners drückt, zieht der letztere fast unbemerkt die eigene linke Achsel etwas zurück, erhebt den freien rechten Arm und drückt damit das Kinn des Gegners kräftig aufwärts, während er gleichzeitig mit dem linken Fuß den rechten Fuß des Gegners zu sich herhakt. So gerät der Angreifer in eine rückwärts schräge Lage und muß fallen: eine unerwartete Enttäuschung für den Angriffswütigen.

Fußnote zu Seite 34

[1] Wu-dëng Hui-yüan, jap.: Go-tô E-gen, eine Zusammenfassung von fünf älteren ›Berichten von der Weitergabe der Leuchte‹ aus dem 13. Jahrhundert. Die älteste dieser fünf Quellschriften, nämlich die aus der Ära Djing-dö (1004–1007), ist in diesem Buch unter dem Titel Djing-dö Tschuan-dëng-lu, jap. Kei-toku Den-tô-roku schon wiederholt erwähnt worden.

Dieser Vergleich trifft in der Tat auch auf den Mönch vor Dschau-dschou zu. Er findet vor sich einen völlig anderen Dschau-dschou, als wie er ihn sich vorgestellt hat, einen, welcher überhaupt ganz anders orientiert ist, als er es je für möglich hielt. Dieser alte Mann stellt wirklich gar nichts vor; er markiert mit keinem Wort den Meister. Und eben damit, muß der Mönch sich sagen, wirft er mich und meine ganzen Vorstellungen um; ich habe nichts mehr zu erwidern.

Wir dürfen es dem Mönch zutrauen, daß dies die große Stunde seines Lebens war. Nur er kann es gewesen sein, der später seinen Schülern das Gespräch erzählt hat. Denn wenn uns auch kein Name von ihm überliefert ist, so hat er das Gespräch doch ohne Frage ›unter vier Augen‹ geführt. Es paßt auch zur Tendenz des ganzen Beispiels, wenn weder Hsüä-dou noch Yüan-wu sich mit der Frage nach Person und Lebenslauf des Mönchs befassen. Ihnen ist es offensichtlich nur darum zu tun, die Einzigartigkeit des greisen Dschau-dschou hell ins Licht zu stellen. Yüan-wu sagt von ihm bezeichnend: »Während andere Meister mit dem Stock dreinschlagen oder schelten und ho' schreien, ist die Waffe Dschau-dschou's nur sein Mund.« Er spricht ein paar scheinbar harmlose Worte, und keiner kann darauf noch etwas sagen. Und Hsüä-dou löst das Rätsel dieses seltenen Mannes mit den Worten: »Sein ganzer Weg ist Höhe.« Das heißt, er braucht sich nicht, wie andere, erst aufzuschwingen; er lebt in einer Höhe und spricht aus einer Höhe, die ohne weiteres den Hörer anspricht und ins Herz trifft.

Hsüä-dou, dem Überlieferer des Beispiels, ist dieser Punkt so wichtig, daß er sich bemüßigt fühlt, ihn im Gesang noch durch ein Gegenbild besonders zu beleuchten. Ein sonst wenig bekannter Meister namens Guan-tji Dschï-hsiän, ein Zeitgenosse Dschau-dschou's, hatte auch einmal einen Besucher, der ihn auf ähnliche Weise bemängelte wie jener Mönch den alten Dschau-dschou. Auch er beschwichtigte den Gast auf gleiche Art wie dieser. Nur das Gleichnis, das der Meister in der Gießbachschlucht für sich in Anspruch nahm, war eben nicht die ›Steinerne Brücke‹, sondern war sein ›Gießbach‹ (Guan-tji). In dem erblickte er ein Sinnbild für die Kunst des klärenden und lösenden Bescheids: »Pfeilschnell«, wie das Wasser in der Schlucht herunterschießt, muß der Bescheid sein, den ich gebe, und natürlich muß er treffen.

Damit könnte Hsüä-dou eigentlich zufrieden sein, und ist es in den meisten Fällen auch. Nur, daß es jetzt gerade sich um Dschau-dschou handelt; und wenn er nun im Licht von dessen überlegener Seelenruhe sich die ›Pfeilesschnelle‹ Guan-tji's ansieht, da überkommt ihn doch ein leichtes Lachen. Er stellt sich einen Bogenschützen vor, wie er bedächtig Stellung nimmt, das Ziel ins Auge faßt, die Sehne des mannshohen, starken Schaftes bis zur kaum noch erträglichen Krümmung anzieht, um dann endlich loszulassen, – nein, sagt er sich und lacht dabei, das ist ein anderes Verfahren als die leicht hingeworfenen Worte Dschau-dschou's. Das kostet einen starken Kraftaufwand. Und was kommt

dabei heraus? Vom Meister in der Gießbachschlucht erfährt der Mönch auf seine Frage nur, daß dieser im gegebenen Fall pfeilschnell zu antworten versteht. Ob und wie er nachher seinem Gast Bescheid gibt, wird uns nicht berichtet.
Dschau-dschou's Worte aber von der ›Brücke‹, auf der Esel, Ochsen, und mit ihnen Menschen jeder Art einher gehen, werfen den Mönch, der völlig anderes erwartet hatte, einfach um. Nicht als ob der Beispielsammler Hsüä-dou andere echte Meister unterschätzen würde. Er rühmt in den ›Gesängen‹ jeden nach Gebühr. Aber hier in diesem Beispiel ist ihm nun einmal daran gelegen, dem unnachahmlichen, ganz still in sich gegründeten und darum unerschütterlichen Meister des einfachen, aber gerade so ins Herz treffenden Wortes besondere Ehre zu geben. »Nichts einsam Steiles stellt er hin. Sein ganzer Weg ist Höhe.«[1]

[1] Im übrigen empfehlen wir, im I. Band, Seite 61f. nachzulesen, was dort über Dschau-dschou erzählt ist: eine Schilderung des Alten, wie er leibt und lebt.

Dreiundfünfzigstes Beispiel

Großmeister Ma und die Wildenten

Hinweis

Die weite Welt hält nichts verborgen.
Das ganze große Triebwerk steht allein und offen da.
In steter Fühlung mit dem Gehweg nirgends hängen bleiben.
Ein Triebwerk in sich haben, das von einem Fall zum andern freier Wendung fähig ist.
Hinter dem Bescheid [auf eine Frage] nichts von privater Absicht in sich tragen,
aber stets, von einem Mann zum andern, darauf aus sein, ›einen Menschen umzubringen‹.
Saget mir einmal: In welcher Richtung haben eigentlich unsere Alten ihre Ruhe und Rast gesucht?
Versuchen wir's mit einem Beispiel! Sehet her!

Das Beispiel

Wir legen vor:

Als der Großmeister Ma einmal mit [seinem Schüler Huai-hai, dem späteren Meister] Bai-dschang über Feld ging, sahen sie plötzlich Wildenten vorüberfliegen.
Der Großmeister sagte: Was ist das?
Bai-dschang sagte: Wildenten.
Der Großmeister sagte: Wohin fliegen sie fort?
Bai-dschang sagte: Sie sind vorüber und fortgeflogen.
Alsbald packte der Großmeister Bai-dschang an der Nasenspitze und drehte sie herum.
Bai-dschang tat vor Schmerzen einen Schrei.
Der Großmeister sagte: Wie wären die jemals davongeflogen?

Gesang

WILDENTEN, da!
Wieviele wohl? Weißt es du?
Der Patriarch, wie er sie sieht,
spricht den Begleiter an
Im Vollgefühl von Wolken auf den Bergen,
Mondschein überm Meer.
Doch jenem bleibt der Sinn verschlossen,
ihm fliegen die Enten noch fort.
Sie fliegen gerne fort.
Doch nun sind sie festgehalten.
– – Ihr, saget ein Wort dazu!

Nach dem in seiner Ruhe und Bescheidenheit doch hoch überlegenen alten Dschau-dschou führt dieses neue Beispiel uns zwei Generationen weiter aufwärts zu Ma Dau-i[1], dem einzigen, der auch als Zen-Meister mit seinem angeborenen Geschlechtsnamen genannt wird: Ma, zu deutsch ›Pferd‹ oder ›Gaul‹. Er hat bei Nan-yüä Huai-jang[2] noch direkt die Eindrücke erhalten, die dieser von dem ›Sechsten Patriarchen‹ Hui-nëng weit im Süden in der Tsau-Schlucht einst gewonnen hatte. Seine ungewöhnliche und imponierende Erscheinung ist bereits im Anschluß an das dritte Beispiel dieses Buchs beschrieben worden (Band I, Seite 88). Und um zu verstehen, was er für die Überlieferung des Zen bedeutet, braucht der Leser nur die Traditionstafel Linie III B anzusehen, wo an achter Stelle er allein steht, während in der neunten Reihe nicht weniger als fünfzehn Namen aufgezählt sind, alles Schüler dieses Ma, darunter Vorläufer von Gründern eigener Schulen, wie We-schan (10b) und besonders Lin-dji (11a) – kein Wunder also, wenn die folgenden Geschlechter ihn mit den Titeln ›Großmeister‹ und ›Patriarch‹ beehrten. Beim dritten Beispiel wurde auch das wichtige Gespräch berichtet, durch das Nan-yüä im Jahre 734 den jungen Ma zum Schüler und Nachfolger gewonnen hat (Band I, Seite 90 bis 92). Und weiterhin ist dort zu lesen, wie der ›Großmeister‹ seinerseits einen Besucher, den Mönch Wu-yä von Fën-dschou[3], belehrt und ihm dabei den Inhalt seiner eigenen Erkenntnis in einer kurzen Formel vorgelegt hat, die seitdem in den Zen-Schulen bis heute als klassischer Leitsatz für den Suchenden verwendet wird. Sie lautet auf chinesisch: »Dji hsin, dji Fo«[4], das heißt auf deutsch: »Gerade da, wo Herz (Geist, Seele) ist, gerade da ist Buddha«. Darnach trägt also jeder Mensch im Grunde seines Herzens schon den Buddha in sich; es kommt nur darauf an, daß er selbst ›es merkt‹, daß ›es ihm aufgeht‹. Eben dieses feine ›Merken‹, dieses stille ›Aufgehen‹ ist der eigentliche Sinn des vielberufenen japanischen ›satori‹, für das der meist gebrauchte deutsche Ausdruck ›die Erleuchtung‹ viel zu schwülstig klingt.

Neben dem Großmeister oder Patriarchen Ma stellt uns das Beispiel nun auch dessen ersten und bedeutendsten Schüler vor: den uns aus früheren Beispielen längst bekannten nachmaligen Meister Bai-dschang Huai-hai[5].

[1] Ma Dau-i (jap.: Ba Dô-itsu), genannt ›Großmeister Ma‹ und ›Patriarch Ma‹, 709 (oder 707?) bis 788; Trt III B 8.

[2] Nan-yüä Huai-jang (jap.: Nan-gaku E-jô), 677–774; Trt III B 7.

[3] Wu-yä (jap.: Mu-gô oder Mu-gyô?) aus Fën-dschou in der Provinz Schansi, spielt im Zen weiter keine Rolle.

[4] Japanisch: soku shin, soku Butsu. Der Gedanke erinnert an die uns geläufige Formel: anima naturaliter Christiana.

[5] Bai-dschang Huai-hai, jap.: Hyaku-jô E-kai; Trt III B 9a.

In Kapitel 36 mit dem Titel »Bai-dschang auf dem Reckenberg« war von ihm ausführlich die Rede (Band I, Seite 441 ff., besonders Seite 446 bis 450). Er war der einzige, den Ma mit schriftlicher ausdrücklicher Bestätigung entlassen haben soll. Unter seinen Schülern finden wir die Namen von bedeutenden Meistern, darunter Huang-bo, den Lehrer Lin-dji's, und den eindrucksvollen We-schan.

Störend ist, daß über seine Lebensdaten zwei sehr verschiedene Berechnungen bestehen. Wie bei den meisten Zen-Meistern wird auch bei Bai-dschang nur das Datum seines Todes fest in der Erinnerung behalten. Wir können sicher davon ausgehen, daß er im Jahr 814 auf dem Bai-dschang-schan, dem Hundertklafterberg, gestorben ist. Sein Geburtsjahr aber ist nur durch die Zahl der Lebensjahre, welche er erreicht hat, zu berechnen. Und hierüber gibt es zwei sehr differente Überlieferungen. Nach der einen soll er 65, nach der andern 94 Jahre alt geworden sein! Im ersteren Fall wäre er 749 geboren, im letzteren schon 720. Hat man keine weiteren Anhaltspunkte, so ist die Entscheidung zwischen diesen beiden Daten schwierig – (in der Tat hat auch der Übersetzer darin schon geschwankt). Vergleicht man jedoch diese Zahlen mit denen des Großmeisters Ma, der von 709 bis 788 gelebt hat, so melden sich doch starke Gründe für die Annahme, daß Bai-dschang im weit höheren Alter, also mit 94 Jahren gestorben ist. Denn im anderen Fall wäre er 40 Jahre jünger als Ma gewesen, hätte also diesen, wenn wir für die dafür nötige Reife etwa zwei Jahrzehnte ansetzen, erst 769 aufgesucht, zu einer Zeit, als Ma bereits ein Sechziger war. Ob es unter diesen Umständen und bei diesem Altersunterschiede je zu dem innigen Verhältnis, welches zwischen Ma und Bai-dschang tatsächlich bestand, gekommen wäre, das läßt sich füglich stark bezweifeln. Alles spricht im Gegenteil dafür, daß der Mönch Huai-hai, also der spätere Bai-dschang, nur 19 Jahre jünger war als Ma und zu diesem schon als junger Mann gekommen ist, zu einer Zeit, als auch der 19 Jahre ältere Meister noch bei frischen Kräften und erst im Aufbau seiner großen Tätigkeit begriffen war.

Sprechen für die Annahme, daß Bai-dschang nicht erst 749, sondern 29 Jahre früher, also 720 geboren ist, schon die oben angestellten Überlegungen ganz allgemeiner Art, so wird diese Auffassung durch das, was unser Beispiel von dem Patriarchen Ma erzählt, nicht nur bestätigt, sondern geradezu als unumgänglich erwiesen. Denn daß ein sechzigjähriger Meister, und besäße er auch die Vitalität des Patriarchen Ma, einem vierzig Jahre jüngeren Schüler noch die Nasenspitze umdreht, ist undenkbar. Setzen wir statt dessen das hier dargelegte Altersverhältnis zwischen Meister und Schüler voraus, so fügt sich alles klar zu einem freilich überraschenden, aber keineswegs unmöglichen Bilde.

Wir tun am besten, wenn wir, anstatt Hinweis, Beispiel und Gesang gesondert zu betrachten, den Vorgang selbst vom Anfang bis zum Ende aufmerksam verfolgen und jeweils das berücksichtigen, was Hinweis und Gesang dazu bemerken.

Großmeister Ma geht also über Feld und nimmt dazu den neunzehn Jahre jüngeren Aufwärter Huai-hai als Begleiter mit. Das tut er nicht nur zum Vergnügen. Ihm ist dieser junge Mönch, dessen ganz besondere Begabung er erkannt hat, mehr als alle seine anderen Schüler auf die Seele gebunden. Er muß heute einmal mit ihm reden. Denn noch steht er mit ihm nicht völlig klar. Heute muß es zur Entscheidung kommen. Und für Ma bedeutet das ganz einfach, daß er, wie der Hinweis sagt, heute ›einen Menschen umzubringen‹ hat. Eine ungeheure Sache, aber eben um dieses jungen Menschen willen unumgänglich und notwendig. Wie wird es gehen? Wie findet er das rechte Wort? Und was wird ihm die Zunge lösen?

Sie gehen still zusammen durch das Moorland. Der Meister öffnet Herz und Augen ganz den Wundern der Natur. Er muß das große Ganze, Eine in sich aufnehmen, nur daraus kommt die nötige Kraft. Gleichviel, ob vom Wege aus bewölkte Berge sichtbar sind oder nicht, sein innerer Blick umfaßt auf jeden Fall das Ganze, einschließlich der Wolken auf den Bergen und des Mondscheins überm Meer. Alles ist für ihn ein einziges großes Triebwerk, es erfüllt ihn, es bewegt und hebt ihn über alles Kleine weit hinaus.

Plötzlich steigt aus dem vom Schilf verdeckten Moor, durch den Schritt der beiden Wanderer aufgeschreckt, ein Flug Wildenten in die Höhe und sucht rasch das Weite. Dieses neue Wunder hat gerade noch gefehlt. Übervollen Herzens bricht mit einem Mal der Patriarch das Schweigen. Das Triebwerk, das er in sich hat, ist ›freier Wendung fähig‹. Er behält genau »die Fühlung mit dem Weg, auf dem er geht, und bleibt doch nirgends hängen«. »Was ist das?« fragt er den Begleiter. »Als ob er das nicht selber wüßte«, bemerkt dazu Yüan-wu und spricht damit aus, was der Aufwärter selbst bei sich natürlich denkt, aber nicht zu sagen wagt. Der spätere Meister Bai-dschang spielt an diesem Tag noch ganz die Rolle eines unterwürfigen Schülers, und eben dies ermutigt seinen Meister, nur um so freier mit ihm umzuspringen. »Wohin fliegen sie denn fort?« In dieser Frage lauert schon der Tiger, der sein Opfer überfallen wird. Ma hat doch selbst gesehen, was geschah. Huai-hai, betreten, wundert sich, worauf der Meister eigentlich hinaus will. Wozu diese sonderbare Frage? Aber jedenfalls, sie fordert eine Antwort. Die ist einfach: »Sie sind vorüber und fortgeflogen.« So ist es ja geschehen; und der Meister hat selbst zugeschaut. Unwürdig, ihm das noch einmal bestätigen zu müssen! Und im nächsten Augenblick hat ihn der Meister an der Nase, schwenkt ihn daran hin und her; es tut so weh, daß er laut schreien muß; und Ma sagt dabei nur: »Wie wären die jemals davongeflogen!!«

Darum also handelt es sich für den Patriarchen Ma! Er läßt die Wildenten nicht fort. Warum ist er auf sie so versessen? Wir erinnern uns daran, daß Ma einst im Gebirge einen Jäger angetroffen hat, der gerade einen Hirsch verfolgte. Er zog ihn ins Gespräch und brachte ihn zuletzt so weit, daß er sein Waidwerk aufgab, ja schließlich selbst Zen-Meister wurde, der freilich auch als solcher seinen Bogen in der Hand behielt[1]. Das könnte uns auf die Vermutung bringen, Ma denke auch beim Anblick dieser Wildenten an das altbuddhistische Verbot des Tötens von lebendigen Wesen. Aber dies dem Schüler Huai-hai einzuprägen, lag kein Anlaß vor. Das Verbot »du sollst nicht töten« war für Huai-hai längst schon selbstverständlich und hätte eines derart resoluten Zugriffs, wie ihn Ma für angebracht hielt, nicht bedurft.

Hsüä-dou im Gesang weiß Ma's Beweggrund tiefer und umfassender zu deuten. »Was wären die jemals davongeflogen!« Dieses Begleitwort Ma's zu der für Huai-hai so schmerzhaften Nasenquetschung zielt auf kein Verbot mehr, überhaupt auf keine Einzelheit, sondern auf das Eine, Ganze, in welchem freilich jede Einzelheit, und sei sie noch so unbedeutend, ihren Ort und damit ihre Würde hat. Ma spricht, wie schon gesagt, »im Vollgefühl von Wolken auf den Bergen, von Mondschein überm Meer«. Und Yüan-wu leitet dieses ›Beispiel‹ mit den Worten ein: »Die weite Welt hält nichts verborgen; das ganze große Triebwerk steht allein und offen da.« Dazu gehört auch das Bild von fliegenden Wildenten, wie immer wir im einzelnen es deuten mögen. Dazu gehört der Flug der Wolken, das Huschen der Sternschnuppen, das Rauschen jedes Stromes, Flut und Ebbe, Blitz und Donner, auch das Sumsen einer Fliege und das Zwitschern der Singvögel. Wer im Vollgefühl des Einen, Ganzen lebt, will nichts von alledem vermissen. Dieses Vollgefühl besaß der Schüler Huai-hai nach Ma's Empfinden bis dahin noch nicht. Des Meisters derber Griff nach seiner Nase sollte dies ihm als ganz großen Mangel zum Bewußtsein bringen und hat es sicher auch getan.

In der Erläuterung zum Beispiel betont Yüan-wu mit Nachdruck, daß Huai-hai, ob er gleich befangen war, die Fragen Ma's doch ganz korrekt beantwortet habe. Einen Vorgang sachgemäß erfassen und genau beschreiben können, sagt er, ist die erste Vorbedingung für die Nachfolge des Buddha's und der Patriarchen. In dieser Hinsicht kann sich jedermann Huai-hai zum Vorbild nehmen. Ma dagegen regt, wie Yüan-wu sagt, in einem Augenblick, »wo gar kein Wind weht, Wellen auf«. Er stellt Fragen, wo gar nichts zu fragen ist. Er »läßt sich ins Gras fallen«, fast kann man sagen: er blamiert sich. Dies allerdings in bester Absicht, nämlich um seinem Schüler über einen toten Punkt hinwegzuhelfen. Und dieses Vorgehen Ma's kann wiederum, sagt Yüan-wu, sich jedermann zum Vorbild nehmen, wenn er jemand helfen muß, der mit sich selbst aus eigener Kraft nicht fertig wird. Ma hat an seinem Schüler Huai-hai, dem späteren Meister Bai-dschang, den allergrößten Dienst getan. Er hat ihn damit einerseits erst voll für sich gewonnen und andererseits im Gegenteil ganz frei und selbständig gemacht.

Um diesen scheinbar widersprüchlichen und doch durchaus naturgemäßen Vorgang zu beleuchten, berichtet Yüan-wu noch das Nach-

[1] Schï-gung Hui-tsang (jap.: Shak-kyô E-zô), Trt III B 9k. Vgl. Band I, Seite 268.

spiel, das auf Ma's gewaltsamen Griff nach Huai-hai's Nase folgte. In der ›Erläuterung‹ des Beispiels heißt es:
»Tags darauf betrat der Patriarch Ma die Vortragshalle [um den Dharma auszulegen]. Es waren nur wenige Hörer erschienen. Bai-dschang [der ihn als Aufwärter zu begleiten hatte] trat vor und rollte die Sitzmatte [auf dem Podium] zusammen. [Er hielt es bei der geringen Anzahl von Hörern für wichtiger, zunächst sein eigenes Verhältnis zum Patriarchen Ma klarzustellen.] Daraufhin stieg der Patriarch Ma vom Podium wieder herunter und, während er nach seiner Zelle zurückging, fragte er Bai-dschang: Ich bin doch eben erst in die Lehrhalle getreten; wie kommst du dazu, die Sitzmatte zusammenzurollen, bevor ich überhaupt den Dharma ausgelegt habe? Bai-dschang antwortete: Gestern hat mich der Herr Abt so stark an den Nasenlöchern gepackt, daß sie mir heute noch weh tun. Der Patriarch sagte: Wovon war dir denn gestern noch das Herz voll? Bai-dschang antwortete: Heute nun ist meine Nasenspitze frei von Schmerzen. Der Patriarch sagte: Du hast für die Sache mit dem ›heute‹ ein tiefes Verständnis. Bai-dschang aber, voller Danks, verneigte sich vor dem Patriarchen, drehte sich um, ging zurück in die Aufwärterstube und schluchzte laut. Sein Mitaufwärter fragte ihn: Warum weinst du denn? Bai-dschang sagte: Geh und hole dir die Antwort vom Ehrwürdigen! Alsbald lief der Aufwärter fort und fragte den Patriarchen Ma. Dieser sagte: Geh und frage ihn doch selbst! Der Aufwärter kam wieder in die Stube und fragte Bai-dschang. Der aber sagte hahaha und lachte laut. Der Aufwärter sagte: Du hast doch eben noch ganz laut geweint! Was bringt dich jetzt dazu, im Gegenteil zu lachen? Bai-dschang sagte: Vorhin mußte ich halt heulen, und jetzt muß ich statt dessen lachen.«
»Seht her«, sagt dazu Yüan-wu, »seht, wie sich der benahm, nachdem ihm das Verständnis aufgegangen war! Das dreht und dreht sich um wie eine Winde, wie ein Flaschenzug! Kein Netz und keine Schlinge hält ihn fest. Das klingt und glitzert wie Armspangen. Und nun hört, was Hsüä-dou im Gesang dazu zu sagen hat!«
Auch wir lesen gerne den Gesang noch einmal – den Wildenten zulieb.

Vierundfünfzigstes Beispiel

Yün-mën fragt: Woher?

Hinweis

Durch Leben und durch Tod[1] hindurch hinauszudringen,
die Gelenke des Getriebes[2] spielend umzudrehen,
in aller Ruhe Eisen zu zersägen, Nägel zu durchschneiden so,
als wäre das nichts,
und immer so, daß es den Himmel und die Erde eindeckt:
saget mir einmal: Welcher Menschen Tun und Treiben mag das sein?
Versuchen wir's mit einem Beispiel! Sehet her!

Das Beispiel

Wir legen vor:

Yün-mën fragte einen Mönch:
Welches ist der Ort, den du neuestens verlassen hast?
Der Mönch antwortete: Hsi-tschan.[3]
Yün-mën sagte: Was redet Hsi-tschan neuerdings, was gibt es von ihm für Aussprüche?
Der Mönch streckte beide Hände auseinander.[4]
Yün-mën gab ihm eines mit der flachen Hand.[5]
Der Mönch sagte: Es ist jemand noch am Weiterreden.[6]
Nun streckte umgekehrt Yün-mën die Hände auseinander.
Der Mönch blieb wortlos.
So gab denn Yün-mën ihm noch eines mit dem Stock.

[1] Leben und Tod (chinesisch: schëng-sï, japanisch: shô-ji): Diesen Ausdruck wählten die Übersetzer der indischen Sutrenschriften ins Chinesische für den wichtigen Begriff samsâra, den man etwas oberflächlich wohl mit ›Weltgetriebe‹ wiedergeben kann, der aber, strenggenommen, eigentlich den ewigen Kreislauf von Geborenwerden und Sterben, also von Leben und Tod bedeutet.

[2] Getriebe (chinesisch: dji, japanisch: ki): hier die Gesamtheit der Beziehungen und Vorgänge zwischen Mensch und Menschen, in diesem Falle also das gegenseitige Verhalten zwischen Yün-mën und dem Mönch.

Gesang

Des Tigers Kopf, des Tigers Schwanz
packt er zu gleicher Zeit.
Von seiner Hoheit Strenge geht
ein Schauder durch das Reich.
Auch du, sag an, fühlst du es nicht,
wie sehr er dich gefährdet?
Die Meister sagen: Schenket ihm
noch einen Zug im Spiel!

Fußnoten zu Seite 47

[3] Hsi-tschan (jap.: Sai-zen), d. h. West-Zen: Name eines Zen-Klosters in der Stadt Su-dschou (Provinz Kiangsu), also etwa gleichbedeutend mit ›Zen-Kloster der West-Stadt‹. Su-dschou liegt südlich des buchtartig breiten, schon der Mündung nahen Yangtse-Stroms. Unter dem Namen des Klosters geht, wie üblich, der hier wirkende Meister.

[4] Streckte die Hände auseinander: um seinen Bericht einzuleiten.

[5] Ein Schlag mit flacher Hand: wohl ein leichter Backenstreich.

[6] ›Jemand‹: gekränkt und spitzig für ›ich‹.

Bevor wir uns dem Inhalt der Geschichte zuwenden, bedarf zunächst die Frage, wann sie sich begeben haben kann, der Klärung. Einerseits steht fest, daß der erwähnte Mönch den Meister Yün-mën aufgesucht hat, welcher zwischen 922 und 945 in dem Zen-Kloster zum Wolkentorberg, Yün-mën-schan, im Nordteil der Kantonprovinz, gewirkt hat.[1] Auf der anderen Seite kommt der Mönch vom Hsi-tschan-Kloster in Su-dschou, und da die Überlieferung, wenngleich nur dunkel, immerhin von einem Meister dieses Namens weiß, so nehmen die Kommentatoren ohne weiteres Bedenken an, es handle sich auch hier um diesen. Der ›Hsi-tschan‹ aber, den sie meinen, war ein Schüler von Nan-tjüan Pu-yüan[2], der von 749–835 gelebt hat.

Man braucht die Lebensdaten der beiden Meister Nan-tjüan und Yün-mën nur sich anzusehen, um in Zweifel zu geraten, wie das stimmen kann. Selbst wenn der Mönch noch in ganz jungen Jahren (sagen wir: mit zwanzig) diesen Hsi-tschan und darauf den Yün-mën gleich im Jahr 922 getroffen haben sollte, und wenn Hsi-tschan seinerseits der allerjüngste, späteste Schüler Nan-tjüan's gewesen wäre, müßten sich für unsere Rechnung Altersunterschiede herausstellen, welche anzunehmen nahezu unmöglich ist. Für uns ist es so gut wie sicher, daß der Mönch in diesem Hsi-tschan-Kloster von Su-dschou nicht den Hsi-tschan, welcher Schüler Nan-tjüan's war, getroffen hat, sondern eher dessen nächsten, übernächsten oder dritten Nachfolger, da diese ja als Meister alle auch den Namen Hsi-tschan (West-Zen) führten. Die Überlieferung in diesem Punkte ist nun einmal lückenhaft; wir müssen uns mit dem, was bei vernünftiger Berechnung zu ermitteln ist, begnügen.

Was nun den Vorgang selbst betrifft, den Yüan-wu seinen Hörern in der Fassung Hsüä-dou's vorlegt, so steht im Mittelpunkte der Betrachtung selbstverständlich Yün-mën, den wir schon lange als besonderen Liebling Hsüä-dou's kennen. Und hier will dieser letztere von seinem großen Vorbild offenbar ein Meisterstück erzählen. Der Kürze, in der Yün-mën jenen Mönch abfertigt, entspricht die strenge Knappheit des Berichts. Wer ihn liest, ist zunächst fast wie geblendet und hat Mühe, zu erkennen, was eigentlich hier vorgeht. Schon die chinesischen und japanischen Kommentatoren des Bi-yän-lu wußten offenbar nicht recht, welchen Titel sie dem ›Beispiel‹ geben sollten, und fast jeder wählte dafür wieder eine andere Formulierung. ›Yün-mën fragt: Woher?‹ und ähnlich heißt es bei den einen, andere überschreiben: ›Auch Yün-mën streckt die Hände aus‹, eine Fassung, die auch uns als bessere erscheint, obwohl wir uns an den in Japan herkömmlichen Titel halten. Man könnte auch noch andere Überschriften vorschlagen: ›Yün-mën fertigt

[1] Zu Yün-mën Wën-yän (jap.: Um-mon Bun-en), 864–949, siehe vor allem Band I, Seite 158–161, und Trt A 13f.

[2] Nan-tjüan Pu-yüan (jap.: Nan-sen Fu-gwan), 749–835; Trt III B 9b.

einen Mönch mit dessen eigener Geste ab‹, oder auch ganz kurz: ›Eine Minute bei Yün-mën‹.
Eben deshalb, weil die hier erzählte Auseinandersetzung so erstaunlich kurz ist, legt nun Yüan-wu ganz besonderen Wert darauf, seinen Hörern klarzumachen, daß es auch hier um gar nichts anderes geht als um das Eine, Große, das den Kernpunkt aller Zen-Bemühung bildet, und darum ihr Gehör und ihren Blick zu schärfen für die innere geheime Macht, die allein maßgeblich ist, und die auch allein den Meister ›Wolkentor‹, den Yün-mën, bewegt und in diesem Falle einfach zwingt, dem noch unvergorenen Gast mit einem kurzen Ruck den Kopf zurechtzusetzen. Hsüä-dou, der Dichter, könnte auch auf Yün-mën jenes Wort anwenden, das er im 52. Beispiel für Dschau-dschou geprägt hat: »Sein ganzer Weg ist Höhe«. Schon wie der fremde Mönch herantritt, betrachtet er ihn nur von dieser Höhe aus. Die beiden Fragen, die er an ihn richtet, dienen ihm wie Röntgenstrahlen nur zur inneren Durchlichtung. Des Mönches Antwort auf die erste sagt ihm, daß der Gast auf jeden Fall schon einmal einen Meister von verwandter Geistesrichtung aufgesucht hat. Denn der Hsi-tschan, von dem er kommt, ist auf jeden Fall einer der Nachfolger jenes ersten Hsi-tschan's, der ein Schüler des bekannten Nan-tjüan Pu-yüan war. Yün-mën, so darf man wohl annehmen, war über diese Zusammenhänge einigermaßen im Bilde, so daß die Frage ihn an sich schon interessieren mochte, was der gegenwärtige Meister dort jetzt lehre und ob er seine Auffassung in bestimmten Grundsätzen zu formulieren pflege. Doch auf keinen Fall stand für Yün-mën diese Frage jetzt, in diesem Augenblick, im Vordergrund. Jetzt handelte es sich um das Ungeheure, diesem Mönch, falls dessen Zustand es erforderte, aus der Verhaftung an den Kreislauf von Geburt und Tod herauszuhelfen. Er muß bereit sein, notfalls unbarmherzig einzugreifen, wie der Chirurg am Operationstisch. Und alles das mit klarem Blick und raschem Griff, ohne Zögern, ohne Anstoß, weil sonst eher Schaden angerichtet werden kann.
Wie aber reagiert der Mönch auf diese Frage? Statt einer Antwort stellt er den Meister selbst vor eine Frage, zwar nicht mit Worten, aber durch die stumme Geste, die er vor ihm produziert. Er setzt sich in Positur, streckt theatralisch beide Arme auseinander und hält Yün-mën seine offenen Hände, die Finger ausgespreizt, entgegen.
Auch er, sagt Yüan-wu, ist in seiner Art ein Könner. Anstatt sich von Yün-mën noch weiter ausforschen zu lassen, dreht er kurzerhand den Spieß um und stellt mit seiner Geste jenen selber auf die Probe, wohl um ihn in Spannung zu versetzen. Diese Hände können vieles sagen. Soll es heißen: »da ist alles schön in Ordnung«? Oder umgekehrt: »aus diesem Hsi-tschan bin ich schlechterdings nicht klug geworden«? So dem Zugriff eines Prüfers sich entziehen, fordert immerhin ein hohes Maß von Wendigkeit. Und ein anderer als Yün-mën hätte sich dadurch vielleicht aus dem Geleise bringen lassen. Dieser aber sieht sofort, daß

sein Partner nur ausweichen will. Darum ruft er ihn durch einen leichten Klaps zur Ordnung. Er war, als er den Yün-mën-schan bezog, schon achtundfünfzig Jahre alt gewesen und stand, als dieser Mönch ihn aufsuchte, sicher in noch höherem Alter, so daß niemand darin etwas Ungehöriges erblicken konnte. Nur der Mönch natürlich fühlte sich beleidigt. Yüan-wu meint, er hätte ja den Streich erwidern können. Dazu aber, sagt er, reichte es ihm nicht. Und dieses ebenso geheime, wie reale Manko ist entscheidend. Dem Mönche reicht es nur zu einem halb verkniffenen Aufbegehren.

»Jemand hat noch nicht ausgeredet«, hält er gekränkt Yün-mën entgegen. Ihr habt mich, will er sagen, doch gefragt, wie der Hsi-tschan-Meister in Su-dschou lehre und was für Aussprüche es von ihm gebe; und bevor ich noch den Mund auftue, bekomme ich schon einen Backenstreich!

Yün-mën gibt ihm die Erklärung dafür, ohne nur ein Wort zu sprechen. Worte führen nur zu Weiterungen. Er macht dem Mönch einfach die Geste vor, mit der ihn dieser auf die erste Frage überrascht hat. Er hält ihm also einen Spiegel vor und weiß dabei genau, daß der Gekränkte sich darin so, wie er wirklich ist, deutlich erkennen wird. Er kennt die Vorgänge in einem Menschenherzen, wenn einer meint, dem andern etwas vormachen zu können. Ein Schwindler ist sich dessen, daß er schwindelt, sehr bewußt und dabei ständig von der Furcht bedrängt, entdeckt zu werden. Nichts trifft ihn sicherer, als wenn man ihm den Schwindel vorhält.

So geschieht es, daß der Mönch mit einem Schlage überwunden ist. Er steht da, in sich gebrochen, und hat nichts mehr zu erwidern. Yüan-wu, welcher freilich nicht dabei war, aber, was hier vorgeht, sicher ebenso versteht, als wäre er dabei gewesen, nimmt auch an dem Mönche Anteil: »Er tut uns leid«, sagt er und weiß sich damit auch in Übereinstimmung mit Yün-mën. Denn von dem bemerkt er zuversichtlich: »Dabei lächelte er gütig.« Wir sollen also diese Szene nicht zu schlimm nehmen und als ernsten Streit auffassen. Der Trick, den sich der Mönch erlaubte, war ja nicht gerade ein Verbrechen. Es war eine Ungehörigkeit, begründet in dem Ehrgeiz eines Menschen, der den Vorsatz hatte, sich im Zwiegespräch auf keinen Fall unterkriegen zu lassen. Das sieht ihm Yün-mën gerne nach. Es ist, relativ gesehen, eine Bagatelle.

Aber damit, daß er seinen Gast zur Ehrlichkeit zurückgeführt hat, ist für Yün-mën die ihm aufgetragene Meisterpflicht noch lange nicht erfüllt. Nicht einfach als Entwaffneter soll dieser Mönch vom Yün-mën-schan fortgehen, sondern als Gewinner eines neuen Antriebs, den er bisher überhaupt noch nicht empfunden hatte, als Entdecker eines unbegrenzten Horizontes, der noch nie ihm aufgegangen war. Darauf diesen Fremdling hinzuweisen, das war für Yün-mën erst der eigentliche Auftrag, der ihm als berufenem Meister aus der Schule Hui-nëng's, des Sechsten Patriarchen, oblag, war unendlich wichtiger als das Geplänkel um die ungehörige Geste mit den ausgereckten Armen.

Freilich konnte selbst ein Yün-mën dazu wenig tun. Hier ging es um den ›großen Tod‹ als Vorbedingung eines neuen Lebens. Yün-mën war, wie Yüan-wu schon im Hinweis sagt, allerdings durchaus bereit, in diesem Sinne ›einen Menschen umzubringen‹. Als symbolisches Werkzeug hierfür führte er den Meisterstab. Daß ein Hieb mit diesem etwas gänzlich anderes war als die gemeine Prügelstrafe, das war jedem, der ein Zen-Kloster besuchte, schon von vornherein bewußt. Yün-mën konnte, durfte diesen Mönch, der nun doch wenigstens ehrlich geworden war, nicht entlassen, ohne ihn an das weit Wichtigere, Größere, was ihm noch fehlte, zu erinnern. Er tat es ›unter höherem Befehl‹. »Er wäre sonst kein Meister«, sagt Yüan-wu, »welcher für das Eine, was dem Menschen nottut, einzustehen hat. Diesen Stockhieb mußte er dem Mönch auf jeden Fall zu fühlen geben«. »Und warum?« fährt Yüan-wu weiter fort; »weil nichts entscheiden, wo Entscheidung nottut, nur Verwirrung nach sich zieht«.

In seiner Erläuterung zum Beispiel läßt Yüan-wu, wie wir schon erwähnten, auch dem Mönch alle Gerechtigkeit widerfahren: »Auch dieser ist in seiner Art ein Könner«, sagt er. Aber freilich, Yün-mën gegenüber setzt er sich nicht durch. Dessen Vorgehen, sagt Yüan-wu, »ist wie Blitzezucken«; »der weiß bei jedem Schritt, wohin es geht; er blickt zugleich nach vorn und hinten«.

In gleichem Sinne rühmt schon Hsüä-dou, der den Text des ›Beispiels‹ formuliert hat, Yün-mën's Meisterschaft. Ihm steht das Bild des Tigerfangs vor Augen, für welchen man, wie Yüan-wu sagt, schon in alter Zeit die Regel hatte, daß es gelte, gleichzeitig Kopf und Schwanz des Raubtiers festzuhalten. Der eine Arm greift um den Hals, die Hand des andern faßt den Schwanz, dann ist der Tiger machtlos. Die beiden kühnen Griffe, welche Yün-mën wagt, sind (nach Yüan-wu's Deutung) erstens der Backenstreich, den er dem Mönch versetzt, als der statt einer schlichten Antwort großtuerisch die Arme ausstreckt, und dann zum Schluß der Stockhieb, welcher jenem erst den ganzen Ernst der eigenen Lage zum Bewußtsein brachte.

In diesem unerbittlich strengen Vorgehen, das keine Rücksicht auf landläufige Umgangsformen nimmt, zeigt sich die anderen Menschen kaum begreifliche innere Hoheit Yün-mën's. Nimmt man es genau, so ist ein Mensch von dieser Art für andere geradezu gefährlich. Geht er doch, wie Yüan-wu schon im Hinweis sagt, direkt darauf aus, harmlose Menschen ›umzubringen‹. Nicht »erst leben und am Ende sterben« lautet seine Losung, sondern umgekehrt: »erst einmal den großen Tod gestorben sein, dann erwacht das wahre Leben«. Und diese Losung bringt er jedem nahe, der ihn hört, der von ihm liest: »Auch du, sag' an, fühlst du es nicht, wie sehr er dich gefährdet?« (Vgl. den Gesang, dritte Zeile.)

Aber Hsüä-dou hat noch einen vierten Vers, der will besagen: Nun mußt du mich auch recht versteh'n! Dieser Yün-mën ist ja keineswegs ein Mörder. Er meint es herzensgut mit dir und jedermann. Er zwingt dich nicht. Er drängt dich nicht einmal. Er läßt dir Zeit. Die richtigen Meister halten es so wie ein guter Go-Spieler. Der ist nicht starr auf ständiges Gewinnen aus; er ist im Gegenteil bereit, dem schwächeren Partner gelegentlich auch zu helfen. Wenn dieser ins Gedränge kommt, setzt er nicht gleich den Stein, mit dem er jenem eine Reihe nehmen könnte, sondern schenkt es ihm, noch einen zweiten Stein zu setzen, mit dem er sich der drohenden Gefahr vielleicht entziehen kann. Im Schachspiel würde man hier sagen: der Überlegene schenkt dem bedrängten Gegner einen freien Zug. Im selben Sinne sind auch Meister, wie Yüan-wu, allerdings ›gefährlich‹, aber hüten sich, zu weit zu gehen. Sie warten zu, bis dem, der sie befragt, von selbst das Licht aufgeht. Sonst wäre ja die Umkehr keine echte.

Fünfundfünfzigstes Beispiel

Dau-wu und Djiän-yüan beim Trostbesuch in einem Trauerhause

Hinweis

DIE still verborgene ganze Wahrheit kann sich dir an jedem Gegenstand, auf welchen du gerade stößt, erweisen.
Sie wandelt auf dem Strömenden, sie läßt die Dinge sich im Kreise drehen, und nimmt sie auf der Stelle willig an.
Während sonst vielfach davon die Rede ist, wie ein Meister gleichsam Funken aus dem Feuersteine schlägt oder unter Blitzezucken mit einem Ruck einen Wirrwarrknäuel auseinanderhaut, oder davon, daß man einen Tiger gleichzeitig an Kopf und Schwanze fassen muß, also von Fällen, wo man wie vor einer steilen Wand von tausend Klaftern Höhe steht, bleiben diesmal solche Fälle auf der Seite liegen. Dafür wird einfach eine schnurgerade Straße freigegeben, damit wir uns die Frage stellen, ob diese wirklich eine Wohltat für die Menschen wäre, oder aber nicht.
Versuchen wir's mit einem Beispiel!
Sehet her!

Das Beispiel

[Erste Szene]

DAU-WU und Djiän-yüan kamen in ein Haus, um Trostworte auszusprechen.
Djiän-yüan klopfte auf den Sarg und sagte: Lebt er oder ist er tot?
Dau-wu erwiderte: Ich sage nicht, er lebe, und sage auch nicht, er sei tot.
Djiän-yüan sagte: Warum sagt Ihr nichts?
Dau-wu erwiderte: Ich sage nichts, ich sage nichts.

[Zweite Szene]

Sie wandten sich zur Rückkehr und kamen auf den Weg [der nach dem Kloster führte].
Djiän-yüan sagte: Ehrwürdiger, so saget es mir doch geschwind!

Wenn Ihr nichts sagt, so muß es damit enden, daß ich den Ehrwürdigen geschlagen hätte!
Dau-wu erwiderte: Was Schlagen angeht, schlag mich eben! Was Sagen angeht, sage ich nichts.
So gab denn Djiän-yüan dem Dau-wu einen Schlag.

[Dritte Szene]

Später, nachdem Dau-wu in die Verwandlung eingegangen war, kam Djiän-yüan zu Schï-schuang und legte ihm die hier erzählte Unterredung vor.
Schï-schuang sagte: Ich sage nicht, er lebe, und ich sage auch nicht, er sei tot.
Djiän-yüan erwiderte: Und warum sagt Ihr nichts?
Schï-schuang sagte: Ich sage nichts, ich sage nichts.
Bei diesen Worten ging Djiän-yüan mit einem Schlag das Licht auf.

[Vierte Szene]

Eines Tages nahm Djiän-yüan eine Schaufel in die Hände, ging damit in die Lehrhalle hinauf und fegte dort den Boden von der Ostwand bis zur Westwand und wieder rückwärts von der Westwand bis nach Osten.
Schï-schuang fragte ihn: Was tut Ihr da?
Djiän-yüan sagte: Ich suche nach den Geistesknochen meines einstigen Lehrers [Dau-wu].
Schï-schuang erwiderte: Und im unendlich weiten Meer[1] rollt eine Woge um die andere daher, und weißer Wellengischt spritzt auf zum Himmel! Nach was für Geistesknochen Eures einstigen Lehrers sucht Ihr?
Djiän-yüan sagte: Es ist nur eben gut dafür, sich stark zu machen[2] . .
Hsüä-dou bemerkt hierzu: Blauer Himmel, blauer Himmel!

[1] »Das unendlich weite Meer«: nämlich die vom Patriarchen Bodhidharma uns überlieferte Tradition der Zen-Schulen.

[2] Im chinesischen Text stehen die beiden Bemerkungen von Djiän-yüan und von Hsüä-dou in umgekehrter Reihenfolge. Dies wird aber auch von den japanischen Kommentatoren als störend empfunden. Wir wagen es auf eigene Gefahr, die Ordnung umzustellen, und nehmen an, daß es so der ursprünglichen Meinung des Verfassers entspricht.

Fu von Tai-yüan[1] hat hierzu bemerkt: Die Geistesknochen unserer einstigen Meister sind noch immer da.

Gesang

Hasen, Pferde tragen Hörner,
Keine Hörner Ochs und Bock.
Da ist nichts vom Allerkleinsten,
nichts vom Allerleichtesten,
Und dennoch ist's wie Berge,
ist wie Wallfahrtsgipfel.
Die goldenen Geistesknochen sind noch immer da.
Weißer Gischt spritzt auf zum Himmel:
Wo dann hin damit?[2]
Es gibt kein Wohin!
Lag einst doch bei der Rückkehr Bodhidharma's
nach dem Westen
der eine seiner Schuhe noch im Sarg.

[1] Fu, Vorsitzer in einem Zen-Kloster in Tai-yüan (Provinz Schansi), war ein Schüler des Meisters Hsüä-fëng I-tsun (Trt III A 12c), gehört also in die Generation III A 13.

[2] »Damit«: mit den Knochen.

Innerhalb der hundert ›Beispiele‹ von alten Zen-Meistern, die Hsüä-dou Dschung-Hsüan aus der eigentlichen Blütezeit des Zen in China (etwa 700–1000) gesammelt und je in einem Gesang rühmend gedeutet, und welche etwa 60 Jahre später der Meister Yüan-wu Ko-tjin in seiner Abtstube ›zur Smaragdenen Felswand‹ je mit einem vorbereitenden Hinweis und dann mit ›Zwischenbemerkungen‹ und ›Erläuterungen‹ versehen hat, nimmt dieses 55. Kapitel schon durch seine Länge eine besondere Stellung ein, mehr aber noch, weil es sich mit den für jeden Menschen entscheidenden Ereignissen von Geburt und Tod, von Leben und Sterben befaßt. Und wie schon dieser Frage für jedermann besondere Bedeutung zukommt, so ist erst recht die Antwort, die darauf der Meister Dau-wu gibt, bemerkenswert, weil in ihr die Eigenart des Zen geradezu frappierend an den Tag tritt. Es wird in diesem Beispiel viel geredet; wir konnten es in vier verschiedene Szenen oder Akte aufteilen, und Yüan-wu wird nicht müde, zu dem Gesprochenen noch weitere Zitate beizutragen. Aber der eine Punkt, um den es dabei geht, ist und bleibt die hartnäckige Weigerung des Meisters Dau-wu, sich über die zentrale Frage, ob der Tote dort im Sarge tot sei oder lebe, klar und deutlich auszusprechen. Die Frage bleibt im Zwielicht, unentschieden. Und eben dieser vollbewußte Verzicht, in einer Frage, die man gerne, ach wie gerne! entschieden sähe, zeigt den Geist des Zen in seiner ganzen herben Männlichkeit und Höhe.

Daß diese Höhe zu erreichen und zu halten, Mühe kostet, das wird in unserem Text am Beispiel Djiän-yüan's eindringlich geschildert. Und darauf weist schon vorher Yüan-wu deutlich hin. Er sieht einen klaren Unterschied zwischen den so häufigen Fällen, in welchen ein genialer Meister irgendeine ihm gestellte Frage aus reiner Intuition heraus mit einem momentanen Einfall löst, und der entschlossenen Festigkeit, in einer dunklen, unlösbaren Frage zwischen einem zweifelhaften Ja und gleichfalls einem zweifelhaften Nein genau die Grenze, also eine Linie von nur einer Dimension, beharrlich zu verfolgen, um dabei am Ende zu erfahren, ob diese mehr als schmale Bahn nicht trotzdem »eine Wohltat für die Menschen« ist.

Als Vorbild für die Festigkeit verzichtender Enthaltung tritt in den ersten Szenen Dau-wu Yüan-dschï[1] auf, ein Schüler jenes Yau-schan We-yän[2],

[1] Dau-wu Yüan-dschï (jap.: Dô-go En-chi), 769–835; Trt III A 10d; stammte aus Yü-dschou in Honan, kam als Schüler zuletzt zu Yau-schan, der ihm heimlich das Siegel der Bestätigung erteilte.

[2] Yau-schan We-yän (jap.: Yaku-san I-gen), 750–834; Trt III A 9d. Der Yau-schan, zu deutsch Arzneienberg, erhebt sich in derselben Gegend wie der Djia-schan, auf dem Yüan-wu sein Bi-yän-lu-Manuskript verfaßt hat, nämlich im Bezirk der Landstadt Li, der nördlichsten von Hunan.

den der Privatstudierte Pang einmal besucht hat. Er trägt seinen Namen nach dem Kloster, das er leitete, dem Dau-wu-Zenhof von Tschang-scha, der Hauptstadt der Provinz Hunan. Wenn Yau-schan ihm, wie es die Überlieferung vermeldet, das Siegel der Bestätigung nur heimlich gab, so dies wohl aus demselben Grund, aus dem der Fünfte Patriarch, Wu-dsu Hung-jën, einst seinen besten Schüler, Hui-nëng, heimlich nach dem fernen Süden ziehen ließ, nämlich um Eifersüchteleien seitens anderer, die er bereits bestätigt hatte, zu vermeiden. Ähnlich wie dann aus Hui-nëng schließlich für die Folgezeit der ›Sechste Patriarch‹ des späteren Zen geworden ist, hat sich auch Yau-schan's heimliche Bestätigung für den nachmaligen Dau-wu bewährt. Hsüa-dou hat von ihm dieses unser Musterbeispiel aufgenommen und besungen, und Yüan-wu nimmt Dau-wu in seinem Hinweis, seinen Zwischenbemerkungen und Erläuterungen nicht minder wichtig.

Wie schwer es aber dem gewöhnlichen Verstande ist, diese mehr als dünne, eindimensionale Linie zwischen den zwei Gegensätzen einzuhalten, dafür gibt der nachmalige Meister Djiän-yüan das Beispiel ab. Er ist zur Zeit noch in Dau-wu's Schule, steht ihm jedoch als ›Aufwärter‹ besonders nahe und begleitet ihn auf seinen Wegen. Er ist geistig keineswegs verschlossen. Beim Besuch im Trauerhaus ist er es, der den Sarg beklopft und wißbegierig fragt: »Lebt er oder ist er tot?« Schon daß er diese Frage stellt, beweist, daß auch er sich mit dem Satze »tot ist tot« nicht mehr zufrieden geben kann. Aber Dau-wu's Antwort, die auf jede logisch klare Aussage streng verzichtet, will ihm nicht hinunter. Im Trauerhaus unterdrückt er zwar noch seinen Einspruch. Aber auf dem Heimweg bittet er Dau-wu begierig um genauere Auskunft. Und wie dieser jedes weitere Wort verweigert, kommt es zwischen beiden zum fatalen Bruch. Das Verhältnis zwischen einem Lehrer und dem Schüler schließt für ihn entsprechend allgemeiner Auffassung im alten China eine gegenseitige Verpflichtung ein. Nicht nur hat der Schüler seinem Lehrer Treue zu bewahren; vielmehr hat auch dieser die Verpflichtung, seinem Schüler alles mitzuteilen, was er weiß und lehren kann. Verweigert dieser eine Mitteilung, behält er etwas für sich, was er weiß und weitergeben könnte, so verletzt er seine Pflicht als Lehrer und zerreißt das Band, das beide aneinander bindet. Wenn nun Dau-wu ihm zum Trost jeden weiteren Bescheid verweigert, fühlt der Jüngere sich betrogen und versetzt im Ärger der Enttäuschung dem bisherigen Meister eine Tracht Fausthiebe auf den Rücken. Es war ihm sicher bitterer Ernst, doch zeigt sein Tun auch einen Hang zur Heftigkeit.

In der ›Erläuterung des Beispiels‹ erzählt uns Yüan-wu, wie die Geschichte weiterging. Kaum waren die beiden wieder im Dau-wu-Kloster zurück, als der Meister seinen Aufwärter zu sich kommen ließ und ihm befahl, augenblicklich sein Bündel zu schnüren und das Kloster zu verlassen. Andernfalls werde es sich herumsprechen, daß der Aufwärter seinen Meister geschlagen habe; alle würden sich gegen Djiän-yüan wenden,

die Sache käme vor den Gouverneur, und Djiän-yüan's weitere Laufbahn wäre dann gefährdet.
Djiän-yüan verließ also das Dau-wu-Kloster, ging auf Wanderung und kam zuletzt zu Schï-schuang. Das führt zur dritten Szene unseres Beispiels, ohne daß auch nur mit einem Wort gesagt wird, welch ein Zeitraum zwischen dieser und der zweiten liegt. Wir haben Gründe anzunehmen, daß es nicht gerade ein geringer war. Denn das Schï-schuang- oder Steinreif-Kloster[1] befand sich wie der Dau-wu-Zenhof in derselben Stadt Tschang-scha, und Djiän-yüan hatte, wie Dau-wu ihm vorsorglich bedeutete, gute Gründe, diesen Ort für längere Zeit zu meiden. Er kehrte dorthin erst zurück, nachdem Dau-wu im Jahr 835 gestorben war. Zunächst hielt er sich, wie man annehmen muß, im Steinreif- oder Schï-schuang-Kloster auf, dessen Meister, Schï-schuang Tjing-dschu ihm altersmäßig näherstand; er und Djiän-yüan gehören in der Traditionstafel derselben 11. Generation an, während Dau-wu Yüan-dschï in der zehnten steht.
Wieviel Jahre es nun auch seit seinem Abschied von Dau-wu gewesen sein möchten, die Weigerung des einstigen Meisters, sich zur Frage, ob der Tote in dem Sarge wirklich tot sei oder lebe, klar zu äußern, quälte ihn noch immer. Er war außerstande, Dau-wu zuzustimmen, aber ebenso, sich über eine Frage von solch grundlegender Bedeutung mit einem leichten Schwung hinwegzusetzen. Er war schwerfällig und langsam von Begriff, aber dafür um so zäher.
Also war es nur natürlich, wenn er Schï-schuang gleich auch sein Erlebnis mit Dau-wu im Trauerhaus erzählte und ihm des letzteren verbohrte Weigerung, sich dazu, sei es positiv und sei es negativ, zu äußern.
Was aber hatte Schï-schuang zu erwidern? Genau dasselbe, wie vordem Dau-wu. »Ich sage weder, daß er lebe, noch sage ich, er sei tot.« Djiän-yüan war zunächst sprachlos, und während er so dastand, hörte er, wie in der Andachtshalle nebenan ein Bonze aus dem ›Lotos-Sutra‹ einen Abschnitt des Schlußkapitels rezitierte, das von dem Bodhisattva Avalokiteshvara (chinesisch: Guan-yin, japanisch: Kwan-on oder Kwannon) handelt, dem Barmherzigen, der für Menschen von verschiedenster Veranlagung doch immer einen Weg zur Buddhaschaft zu zeigen weiß.
Es wird hier in einer langen Kette gleichgeformter Sätze eine Reihe von Erkenntnisstufen angeführt, und von jeder heißt es dann: »Wer auf dieser Stufe steht, verkündet das Gesetz (die Buddhawahrheit) gemäß dem ihm gegebenen Verständnis.« Eine der höheren Stufen in dieser Reihe ist die des Buddhamönchs. Und von dieser wird gesagt: »Wer darauf steht, verkündet das ›Gesetz‹ nach dem Erkenntnisstand des Buddhamönchs.« Dieser Satz traf Djiän-yüan's Ohren wie ein Schlag. Dau-wu, mußte er

[1] Schï-schuang (jap.: Seki-sô) bedeutet ›Steinreif‹, d. h. winterlichen Reif auf Steinen.

sich sagen, war ein Buddhamönch von echter Art. Dann war auch, was er damals über Tod und Leben sagte, echte Buddhapredigt, selbst wenn er sich darüber nur verneinend aussprach: »Ich sage weder so noch so.« Auch dieses war Verkündigung der Buddhaweisheit. Sein so lange Zeit verschlossener Sinn erschloß sich, und alles, was er schon gehört, gelernt, gelesen hatte, trat ihm in ein neues Licht.

Was nun weiter aus ihm wurde, bis er schließlich in derselben Großstadt Tschang-scha, in welcher auch der Dau-wu-Zenhof stand, das Djiän-yüan-Kloster übernehmen konnte, nach welchem er seitdem genannt wird, darüber ist uns nichts berichtet. Wir dürfen aber wohl annehmen, daß es sich um eine gute Reihe von Jahren handelt.

Aus dem einstigen Aufwärter beim Abt des Dau-wu-Zenhofs war endlich auch ein Meister geworden. Er hatte Schüler um sich, die er lehrte, und wußte ihnen sicher viel zu sagen. Dennoch war er mit sich selbst nicht ganz im reinen. Ihn hinderte der Zweifel, noch immer nicht einfach er selbst zu sein, die ängstliche Besorgnis, ob er den Schülern denn auch wirklich nur sein Eigenstes vermittle. Dau-wu, sein einstiger Lehrer, war zwar leiblich tot. Aber geistig lagen von dem alten Meister, wie ihm schien, noch Knochenreste in der Lehrhalle herum. Das durfte so nicht weitergehen. Er mußte reinen Boden machen. Und so fegte er von Ost nach West und zurück von West nach Ost und merkte richtig, wie ihm bei der Arbeit neue Kräfte wuchsen.

Nun befand sich zu der Zeit bei Djiän-yüan als Gast sein alter Freund Schï-schuang[1], der einst auch bei Dau-wu gelernt hatte und schon vor Djiän-yüan zur befreienden Erkenntnis gelangt war. Man kann sich leicht vorstellen, wie die Unterredungen der beiden sich um ihren gemeinsamen Meister Dau-wu drehten, und wie in Djiän-yüan dabei das beklemmende Gefühl aufstieg, in seiner inneren Stellung nicht so frei und sicher zu sein wie der Ältere. Es kann sehr wohl sein, daß gerade die Gespräche der zwei Dau-wu-Schüler dem Jüngeren den Anstoß dazu gaben, das, was er ärgerlich die ›Geistesknochen‹ nannte, die von dem einstigen Meister noch auf dem Boden herumlagen, endlich auszufegen.

Aber damit war der ›ältere Bruder‹ nicht zufrieden. In einem großartigen Gleichnis hielt er dem Jüngeren entgegen, daß ein richtiger Zen-Meister auch den Individualismus nicht auf die Spitze treiben darf. Was ist denn, meinte er, unsere ganze Zen-Bewegung seit den Tagen Bodhidharma's und des Sechsten Patriarchen Hui-nëng anderes als ein weithin wogendes Meer, in welchem eine Welle um die andere dahinwogt und jede einzelne mit mächtigem Schwall zum Himmel aufspritzt! Da hat

[1] Schï-schuang Tjing-dschu (jap.: Seki-sô Kei-sho), gest. 888; Trt III A 11 d. Da Schï-schuang hier Djiän-yüan gegenüber als ›älterer Bruder im Buddhagesetz‹ bezeichnet wird, hätten die beiden Namen auf der Traditionstafel in umgekehrter Reihenfolge gegeben werden sollen.

jede freilich ihre eigene Bewegung und Gestalt, je nachdem der Wind sie stärker oder schwächer aufpeitscht. Aber das spielt keine Rolle. Wenn nur der gute Wind stets kräftig anhält, dann ist es eine Wonne zuzusehen.

Djiän-yüan sagte, sich entschuldigend: »Es ist nur eben eine Hilfe, stark zu werden.« Und damit hatte er auch sicher recht. Aber Hsüä-dou schickt dazu doch seine Seufzer auf zum blauen Himmel. Dem guten Djiän-yüan fehlt es immer noch am richtigen Gleichgewicht. Was ist denn in dieser großen Zen-Bewegung individuelles Eigentum und was Gemeingut? In der Wirklichkeit des täglichen Zusammenlebens waltet zwischen Teilgebieten und dem Ganzen überhaupt kein Gegensatz.

Schwierigkeiten gibt es hier nur, wenn ein Meister, wie in unserem Falle Djiän-yüan, sich dazu verleiten läßt, über sein Verhältnis zu dem eigenen Vorgänger ängstlich abwägend zu reflektieren. Wir sind zwar schon mehrfach auf die Forderung gestoßen, wer ein Meister werden wolle, müsse seinen eigenen Meister in sich töten, und wahrscheinlich ist an Djiän-yüan's Verfahren mit der Schaufel eben diese scharf pointierte Ausdrucksweise schuld. Sie ist übertrieben und bedarf insofern einer Korrektur. Diesem Zweck soll die dem ›Beispiel‹ angehängte Schlußanmerkung dienen.

Sie nennt einen Schüler Hsüä-fëng's namens Fu, der die Fegearbeit Djiän-yüan's mit den Worten kritisiert: »Die Geistesknochen der vorangegangenen Meister sind noch immer da.« Sie auszufegen, wie es Djiän-yüan meinte, ist vergebliches Bemühen. Und daß sie da sind, ist für Djiän-yüan selbst und seine eigene Originalität kein Hindernis.

Auf eigenartige Weise sind in diesem umfangreichen ›Beispiel‹ Fragen scheinbar ganz verschiedenen Charakters ineinander verschlungen. Da ist einmal das Problem von Tod und Leben, von lebendig oder tot. Der europäisch eingestellte Leser horcht begierig auf. Er wittert etwas Neues, was ihm im Zen bis dahin nicht begegnet ist: eine Lehre, ein begrifflich formuliertes Dogma, ähnlich unserem Glaubenssatz vom ›ewigen Leben‹. Weit gefehlt! Gerade solch ein Dogma lehnen diese Meister hier entschieden ab. An die Stelle irgendeiner Aussage tritt im Gegenteil die hartnäckige Weigerung, irgendetwas auszusagen. Es gibt kein Ja und gibt kein Nein. Es heißt einfach nur: »Ich sage nichts, ich sage nichts«. Wie soll daraus jemand mit normalem Menschenverstande klug werden? Wenn dieser Wirrwarr Zen-Weisheit bedeuten soll, dann kann man in dieser Schule frischweg jeden Unsinn guten Muts behaupten. Dies ist der Gedankengang, von welchem Hsüä-dou nun in seinen Versen ausgeht.

Zum Verständnis des Gesangs

»Hasen, Pferde tragen Hörner, keine Hörner Ochs und Bock.« Wer diese Worte liest, dem fängt es vor den Augen an zu schwimmen. Und eben dies will Hsüä-dou bei dem Lesenden erreichen. Wer von den Toten weder sagen will, sie seien tot, noch auch behaupten, daß sie leben, der hat sich damit über die gewohnten Normen menschlicher Vernunft hinweggesetzt. Nun aber *gibt* es eben etwas Höheres als menschliche Vernunft. Das ist auf dem Boden des buddhistischen Mahâyâna, des sogenannten ›Großen Fahrzeugs‹, die tiefsinnige Schau von dem zwiefachen Aspekt des Universums, das wir einerseits als millionenfach verschiedene Dinglichkeit erleben, und das doch zugleich sich als ein nichtiges, ein ungreifbares Leeres kundgibt, wobei doch immer festzuhalten ist, daß diese zwei Aspekte sich in keiner Weise voneinander trennen lassen, so daß das absolute Eine, Leere mit der Welt der unzählbaren Unterschiede durchaus eines und dasselbe ist, wie umgekehrt die Welt der Unterschiede mit dem absoluten Leeren.

Nur auf dem Boden eines solchen hochdialektischen Verständnisses der Welt konnten Meister wie Dau-wu und Schï-schuang über Tod und Leben in solch souveräner Weise reden, wie das ›Beispiel‹ es berichtet. Für Menschen, die nur rational zu denken wissen, sind die Reden dieser Meister barer Unsinn. Und um den Kontrast, der hier zutage tritt, den Lesern seines Beispiels anschaulich zu machen, schlägt Hsüä-dou selbst in feiner Ironie sich auf die Seite der Vernünftigen, Normalen und stellt in übertreibender Verzerrung die Zen-Beflissenen samt ihrem indischen Vorgänger, dem Patriarchen Bodhidharma, als rätselhafte Sonderlinge hin, die in ihren Reden manchmal etwas wirr sind und mit den Dingen überhaupt nachlässig und gleichgültig umgehen.

Wer tot und lebendig nicht ganz deutlich unterscheidet, der ist ein Wirrkopf und kann ebenso behaupten, daß Hasen oder Pferde Hörner tragen, und daß dagegen Ochsen oder Ziegenböcke hörnerfrei seien.

Aber die Phantasterei ist hier nur Ausdruck dafür, daß im Grunde alles sich in reine Leerheit auflöst, in der die Unterschiede der Gestalt, der Größe, Farbe oder des Gewichts verschwinden, also alles Dingliche erlischt. Erlöschen aber ist nichts anderes als Nirvâna, ist des Buddha's wahre Heimat, in welcher er sich über alles in der Welt hinaufgehoben weiß, so wie die himmelhohen Berge, die ihn aus der Ferne grüßen. Wenn ihn aber Berge grüßen, so tauchen vor ihm mitten in dem Einen, Gleichen schon die Unterschiede auf. Diese zwei total verschiedenen Aspekte sind in Wahrheit eines und dasselbe, schließen sich, so unbegreiflich es auch klingen mag, in keiner Weise aus.

Das unverbrüchliche Gesetz der Gleichheit und der Unterschiedenheit beherrscht nun auch die Zen-Gemeinschaft selbst, sofern sie als geschichtliche Erscheinung in der Welt ihr Wesen treibt. Da nimmt man es selbstverständlich wichtig mit der Tradition, mit jedem guten Wort, das je ein Meister ausgesprochen hat. Wenn Djiän-yüan fast verächtlich solche Worte ›Geistesknochen‹ nennt, dann sind doch diese ›Knochen‹ immerhin aus Gold; sie verdienen es, als Schätze und Kleinodien sorgsam aufbewahrt zu werden. Aber in dem weiten Ozean der Zen-Bewegung, in dem großen Einen, ist auch für die besten Worte keine Stelle, an der man sie aufbewahren könnte.

Unablässig also ist das Zen bemüht, unsere Neigung zu fest formulierten Grundsätzen zu bekämpfen. Solche Sätze sind der Freiheit und Unmittelbarkeit des geistigen Lebens hinderlich. Sie verführen uns dazu, auf sie zu pochen, und im selben Augenblick verfallen wir der Selbstgefälligkeit und leiden Schaden an uns selbst. Wer im Zen lebt, der ist keiner äußeren Regel, keinem Grundsatz unterworfen. Er lebt von Augenblick zu Augenblick, er taucht immer wieder unter in der Tiefe und steigt immer neu empor in freie Höhe.

Das hat allerdings zur Folge, daß das Zen für andere Menschen eine rätselhafte Sache wird, mit welcher sie nichts Rechtes anzufangen wissen. Dies zeigt Hsüä-dou zum Schlusse des Gesangs am klassischen Muster des Patriarchen Bodhidharma selbst, und zwar in der Gestalt, die ihm der spätere Mythos angedichtet hat.

Von Bodhidharma wird erzählt, daß er nach seinem Tode auf dem Bärenohrenberge eingesargt begraben wurde, später jedoch aus dem Sarg entwichen sei, um nach Indien heimzuwandern. Darnach sei in China ein chinesischer Indienpilger aufgetaucht, der erzählte, er sei auf dem Heimweg nördlich des Himalaja-Gebirges einem alten Buddhamönch begegnet, der nach Indien strebte und in seiner einen Hand am Bändel einen Schuh getragen habe. Ob das nicht vielleicht der berühmte Bodhidharma gewesen sei? Die Nachricht kam zuletzt vor den chinesischen Kaiser, und dieser, heißt es, habe alsbald angeordnet, im Sarg des Bodhidharma auf dem Bärenohrenberge nachzusehen. Man grub ihn aus, öffnete ihn, und richtig: der Sarg war leer, die Leiche fehlte, nur ein einzelner Schuh lag noch darin. Diesen mitzunehmen hatte der nur halb Erwachte übersehen, konnte also auch den anderen Schuh nicht anziehen und ließ ihn daher auf der ganzen weiten Wanderung nach Indien ungefähr ein Viertel- oder Dritteljahr lang ruhig am Bändel baumeln.

Die Weigerung des Meisters Dau-wu, sich zu der Frage, ob lebendig oder tot, auch nur mit einem Wort zu äußern, hat darnach also schon in dem, was im chinesischen Zen von seinem eigenen Begründer fabuliert wurde, ihr Vorbild. Schon von diesem Bodhidharma läßt sich weder sagen, daß er lebte, noch auch, daß er tot war. Schon um die Zentralgestalt der Zen-Gemeinschaft hängt der Schleier des Geheimnisvollen. Mit reiner Logik kommt man hier nicht weiter. Das ganze Zen bewegt sich zwischen Gegensätzen, die für das bloße Denken unvereinbar sind. Das reine Eine, absolute Leere und die bunte Unterschiedlichkeit der Welt der Dinge, und dies beides nicht nur ›einerseits und andererseits‹, sondern ineinander untrennbar verflochten – das ist für unseren Verstand nun einmal schwer zu schlucken. Aber eben dies will Hsüä-dou im Gesang am Bild des Patriarchen Bodhidharma zeigen.

Sechsundfünfzigstes Beispiel

Tjin-schan
und
der Sperrenbrecher Liang

Hinweis

WÄREN in der Welt die vielen Buddhas niemals aufgetreten, hätten sie den Menschen niemals eine Wahrheit, ein Gesetz verkündet, wäre nie der Patriarch vom Westen her in unser Land gekommen, hätte nie sein Geist von Herz zu Herz sich fortgepflanzt: so von selber hätten es die Menschen dieser Weltzeit nie begriffen. Sie sind ganz nach außen ausgerichtet, laufen in der Welt umher und suchen dort herum. Sie merken nichts davon, daß unter ihren eigenen Füßen, ihren Fersen der Grund und Anlaß für etwas verborgen liegt, was eine gute Stufe höher ist und wichtiger als alles, was sie sonst bewegt.
Nach diesem Gut verlangten wohl schon tausend Heilige und tasteten darnach und konnten es trotzdem nicht finden. Nur jetzt ist es so weit gekommen, daß wir fragen können: siehst du es, oder siehst du's nicht? hörst du's? hörst du's nicht? hast du etwas dazu zu sagen, oder nicht? Weißt du es, oder weißt du nichts? Aus welcher Richtung kommst du wohl mit deiner Antwort her?
Falls du noch nicht vermagst, durch's Dunkel durchzublicken, so wende dich doch einmal dieser Felsenhöhle, diesem Gewirr von Ranken zu, ob du darin vielleicht etwas bemerken und dir zu eigen machen kannst! Ich lege es zur Probe euch hier vor. Seht her!

Das Beispiel

Wir legen vor:

DER Zen-Gast Liang[1] befragte Tjin-schan: Wie ist es dann, wenn einem es gelungen ist, mit seiner Lanzenspitze die drei Sperren alle zu durchstoßen?
Tjin-schan antwortete: Dann muß er darauf achten, den Herrn hinter den Sperren zu verjagen.

[1] Liang: voller Name Djü-Liang (jap.: Ko Ryô) war offenbar Abt irgendeines buddhistischen Klosters, das zum Zen wohl kaum Verbindung hatte.

Liang sagte: Wenn es sich so verhält, muß ich erkennen, daß ich meine Frage falsch gestellt habe, und werde sie auf jeden Fall verbessern.

Tjin-schan fragte weiter: Auf welchen Zeitpunkt wartet Ihr denn noch?

Liang sagte: Es war ein guter Pfeil, den ich abgeschossen habe, nur bleibt er an dem Ziel nicht haften.

Damit ging er fort.

Tjin-schan sagte: Halt, noch einen Augenblick, Tschârya, kommt doch her!

Liang drehte den Kopf zurück.

Tjin-schan faßte ihn fest an und sagte: Das Durchstoßen der drei Sperren mit der einen Lanzenspitze lasset erst einmal beiseite und seht zu, wie Ihr zunächst auf diesen Tjin-schan einen Pfeil abschießt!

Liang besann sich eine Weile.

Tjin-schan gab ihm sieben Schläge mit dem Stock und sagte: Gestehen wir dem Burschen da noch dreißig Jahre Zaudern zu!

Gesang

Es steht dir frei, den Herrn der Sperre zu verjagen.
Doch nimm es, Freund, beim Abschuß mit dem Pfeil
nicht leicht!
Raubst du dem anderen die Augen,
macht er dafür dich taub.
Und reißt du ihm die Ohren ab,
sticht er zum Dank dich blind.
Ergreifend dieses »mit dem einen Speer
drei Sperren ganz durchbrochen«!
Klar und deutlich bis nach hinten
hat die Pfeilbahn er verfolgt.
Freund, siehst du nicht, was Hsüan-scha[1] einst gesagt hat?
»Ein fester Mann ist schon vorweg im Geiste Patriarch«.

[1] Hsüan-scha Schï-be (jap.: Gen-sha Shi-bi), 835–908; Trt III A 13a. In Wirklichkeit aber zitiert Hsüä-dou hier aus einem Gesang des Gue-dsung Dschï-tschang (jap.: Ki-shû Chi-jô), Trt III B 9e, 8./9. Jh., welcher den gleichen Vorgang behandelt.

Der Meister Tjin-schan Wën-sui

Das Schriftzeichen für Tjin, welches dem Berg und damit auch dem Meister unseres Beispiels seinen Namen gibt, hat im alten China die Bedeutung ›kaiserlich‹ erhalten und gilt deshalb als Attribut für alles, was dem Kaiser zugehört oder von ihm ausgeht. Gleichwohl können wir nicht sicher sagen, ob dem Berg, um den es sich hier handelt, wirklich einst von einem Kaiser dieser Ehrenname zugesprochen worden ist, so daß er für uns einfach ›Kaiserberg‹ heißen könnte. Von Haus aus steht das Zeichen ›tjin‹ für eine Geste fast erschrockener, staunender Bewunderung, wobei der Mund verzogen wird, und kann deshalb einfach auch im Sinne von ›erstaunlich‹ oder ›unerhört‹ verstanden werden. Bleibt somit an dem Namen Tjin-schan sprachlich eine gewisse Unklarheit hängen, so tritt der Berg in geographischer Hinsicht gerade dem Bi-yän-lu-Leser nahe, insofern er sich im selben Nordwestwinkel der Provinz Hunan befindet, in welchem etwa 350 Jahre nach dem Meister unseres Beispiels der Verfasser des Bi-yän-lu, Meister Yüan-wu Ko-tjin, den hier in Übersetzung dargebotenen Text geschrieben hat. Der Tjin-schan liegt vom Djia-schan nur etwa 10 km weiter östlich in Richtung auf den großen Dung-ting-See.

Über Meister Tjin-schan's Lebenslauf wird im ›Bericht von der Weitergabe der Leuchte aus der Ära Djing-dö‹ erzählt, daß er in Fu-dschou, der Hauptstadt der Provinz Fukien, (oder in deren Umgebung?) geboren und noch in jungen Jahren einem Zen-Meister der Hafenstadt Hang-dschou anvertraut, dort zu gegebener Zeit in den Mönchsstand aufgenommen worden sei und später mit den Dö-schan-Schülern Hsüä-fëng und Yän-tou die obligate Wanderung durchs weite China angetreten habe. (Man wird daraus schließen dürfen, daß Tjin-schan nicht viele Jahre jünger war als diese beiden. Da Hsüä-fëng im Jahr 822, Yän-tou 828 geboren ist, so dürfte Tjin-schan wohl zwischen 830 und 840 das Licht der Welt erblickt haben.) Die gemeinsame Wanderung endete damit, daß alle drei zu Dö-schan kamen, die beiden Freunde sich an diesen eng anschlossen und von ihm dann auch das Siegel der Bestätigung erhielten. Auch Tjin-schan wurde von dem heftigen Dö-schan immer wieder angespornt, sich zu entscheiden. Er aber konnte die oft übermäßige Strenge dieses Meisters nicht ertragen, und es endete damit, daß er eines Tages von Dö-schan windelweich geschlagen ins Krankenzimmer gebracht werden mußte und daraufhin von Dö-schan wegging. Er suchte dann den sehr viel milderen Meister Dung-schan Liang-djiä auf, denselben, auf den sich die etwas später formierte Tsau-dung-Schule (japanisch: Sôtô-Shû) zurückführt. Bei diesem fühlte er sich ganz am richtigen Ort, kam unter seiner Leitung zur befreienden Erkenntnis und hat sich seitdem stets als Dung-schan-Schüler öffentlich bekannt.

Was nun den Sinn des ganzen Stücks mit Hinweis, Beispiel und Gesang betrifft, so sollten wir, um ein besseres Verständnis zu gewinnen, einfach von dem Namen ausgehen, der einst dem Meister Tjin-schan von seinem eigenen geistlichen Vater Dung-schan zugesprochen wurde, nämlich Wĕn-sui (japanisch: Bun-sui). Wĕn ist das Wort für alles sinnvoll und zusammenhängend Hingeschriebene, und damit verbunden für die Qualität der Schrift, den Stil. Sui aber heißt ›tief, hintergründig‹. Wĕn-sui bedeutet also: ›Was er schreibt, ist hintergründig‹, oder auch im Sinn der Mahnung: ›Was du schreibst, sei hintergründig, tief!‹

Genau dasselbe läßt sich von dem Beispiel sagen, welches Hsüä-dou hier von Tjin-schan vorlegt; und hintergründig tief verhält auch Yüan-wu sich in seinem Hinweis. In diesem stellt er kurz und bündig fest, wie töricht wir uns alle doch benehmen, indem wir immer außerhalb von uns nach Glück und Frieden suchen, anstatt im eigenen Herzen, oder, wie er bildlich sagt, unter unseren Füßen, den Sohlen und den Fersen. Wir laufen dauernd in der Welt umher und suchen dort, was doch nur in uns selbst zu finden ist.

Das Hintergründige in Yüan-wu's eigener Darstellung liegt darin, daß man auf seinen Hinweis hin erwartet, in Hsüä-dou's ›Beispiel‹ einem oberflächlichen Besucher zu begegnen, der, anstatt ernsthaft mit sich selbst zu ringen, in der Welt herumläuft, um sein Glück zu machen. Statt dessen aber kommt zu Tjin-schan hier ein anscheinend sehr ernster Mönch, vielleicht sogar Abt eines kleinen Klosters, der es auf der Suche nach dem wahren Frieden mit sich selbst recht streng genommen hat.

Ihm war geläufig, was zu seiner Zeit schon mancher Meister aus selbsteigener Erfahrung ausgesprochen haben mag, daß nämlich das Licht der Wahrheit, die Erleuchtung, in der Regel nicht im ersten Anlauf zu gewinnen sei, sondern wiederholter Anstrengung bedürfe. Manche Meister mühten sich darum, dies durch Gleichnisbilder ihren Schülern klarzumachen. Gerade im Zeitalter Tjin-schan's, also zwischen 850 und 900, stellten manche Lehrer über diese Schwierigkeiten ihre eigenen Theorien auf. Lin-dji sprach von ›drei Geheimnissen‹, die zu erschließen seien, Yün-mĕn von ›drei Pfaden‹, welche man durchlaufen haben müsse. Am weitesten verbreitet aber war wohl das anschauliche Gleichnis von ›drei Sperren‹, das heißt wohl von drei hintereinanderliegenden Stadtmauern mit verschlossenen Toren, wie man sie sich in chinesischen Großstädten leicht vorstellen kann. Dabei ist nichts gesagt darüber, ob jedes der drei Tore ein besonderes Hindernis bedeute; es ist auch schwerlich zu vermuten. Denn die Schwierigkeiten liegen in der ganzen geistigen Verfassung, nicht in besonderen Einzelheiten.

Was also der ›Zen-Gast‹ Liang mit seinem Anlauf gegen die ›drei Sperren‹ nacheinander zu überwinden sich bemüht hat, darüber wird uns nichts gesagt. Doch darf man vermuten, daß er es auf seine Weise ernst gemeint hat. Ihm hatte offenbar die hohe Art, das überlegene Gebaren von Zen-Meistern imponiert, ihre Ruhe, ihre Sicherheit. So bändigte er in sich die Triebe, welche dem entgegenwirkten. Auf diese Weise konnte es geschehen, daß der Eindruck, welchen er bei der Begegnung mit dem Meister Tjin-schan machte, gar nicht daran denken läßt, er gehöre zu der Art von Menschen, wie der Hinweis Yüan-wu's sie beschreibt, die, anstatt das Wesentliche ›unter ihren eigenen Füßen‹, also bei sich selbst zu suchen, immer nur nach außen spähen und bei anderen Leuten das zu finden hoffen, was sich ihnen nur im eigenen Innersten erschließen kann.

Wie notwendig und unerläßlich aber dieser Rückgriff auf die allereigenste Erfahrung ist, das wird erst vollends deutlich, wenn man sich vergegenwärtigt, auf welche Konsequenz die zu gewinnende Erkenntnis letzten Endes hinführt, nämlich: sie führt auf nichts Geringeres als darauf, daß ich mich genötigt sehe, über mich selbst eine Art Todesurteil zu fällen. »Erst einmal der große Tod«, so lautet es beim Zen genauso wie im Neuen Testament.

Dieses ›Todesurteil‹ freilich ist kein Selbstmord. Aber es schafft für ein anderes, ein neues Leben Raum, in welchem man sich über alle Unterschiede, alle Gegensätze frei hinausgehoben weiß.

Daß es zu solchem höheren Leben nur durch ein Sterben geht, das hat der Zen-Gast Liang, als er zu Tjin-schan kam, noch nicht begriffen. Er hegte in sich den Gedanken, mit seiner ausdauernden Askese, welche er sich auferlegte, und die er mit dem Durchbruch durch drei starke Sperren sehr wohl vergleichen zu dürfen meinte, nun einen Punkt erreicht zu haben, an welchem er sich einem anerkannten Meister wie dem Tjin-schan vorstellen und fragen konnte: Was nun weiter? Die Frage läßt sich kaum in anderem Sinn erklären, als daß er meinte, jetzt sei auch er bereit, Zen-Meister zu werden, und daß er hoffte, Tjin-schan könne ihm zu einer Anstellung, sei's irgendwo, verhelfen.

Tjin-schan hörte sich die Frage ruhig an und sah sofort, woran es bei dem Frager fehlte. Wenn die drei Sperren gut durchstoßen sind, bemerkte er, dann ist der nächste Schritt, den Eigentümer des Gebietes, das die Sperren schützen sollten, zu verjagen. Das ist simpelste Logik jeder Kriegführung. Ohne das ist mit dem Fall der Sperren überhaupt noch nichts erreicht. Das eigentlich Entscheidende steht noch bevor: den Gegner niederzwingen oder doch verjagen. Daß der Zen-Gast Liang an diesen Hauptpunkt gar nicht dachte, ist für ihn fatal.

Aber warum dachte er denn nicht daran? Weil er sich über die Person des Gegners, der die Sperren aufgerichtet hatte, nicht im klaren war, oder weil er sich nicht eingestehen wollte, daß er diesen Gegner kannte, besser kannte, als sonst irgendwer. Und gerade deshalb, weil er im Grund des Herzens wußte, wer gemeint war, brachte die Bemerkung Tjin-schan's, nach dem Durchbruch durch die Sperren komme selbstverständlich nun die Jagd auf den Beherrscher des Gebiets dahinter, ihn

in tödliche Verlegenheit. Er begann zu wanken, stotterte, gestand, er habe seine Frage falsch gestellt und werde sich auf eine bessere besinnen. Damit war er für diesmal fertig und wandte sich, um fortzugehen.
Tjin-schan aber, umgekehrt, war mit dem Zen-Gast Liang noch keineswegs ganz fertig. Ließe er den nutzlos hergekommenen Besucher einfach wieder laufen, hätte er den hohen Auftrag seines Meisteramts versäumt. Noch war er dem Verstörten eine Weisung schuldig. So rief er ihn zurück. Halb unwillig drehte dieser seinen Kopf um. Tjin-schan aber, in der rechten Hand den Stock, faßte ihn entschlossen, gab ihm sieben Schläge auf den Rücken und, was er dazu sagte, waren Worte, in welchen harte Strenge und verzeihende Güte aufs merkwürdigste verschlungen sind: »Gestehen wir dem Burschen da noch dreißig Jahre Zaudern zu!«

Zum Gesang

Hintergründig wie der Hinweis und das Beispiel ist auch der Gesang. Denn wie bisher geht es auch in diesem um dasselbe: eine Forderung, die streng genommen niemand je an einen Nebenmenschen richten kann, sondern stets nur jeder an sich selbst, wenn ihm über sich und seine eigene Natur einmal das Licht der Wahrheit aufgegangen ist.
»Es steht dir frei, den Herrn der Sperre zu verjagen« heißt also: der Herr der Sperre, dem dein tapferer Anlauf gegen die drei festen Tore galt, das ist – hast du es denn vergessen? – kein anderer als du selbst! Daß du, um frei zu werden, den verjagen mußt, kann ich von dir so wenig, wie sonst jemand, verlangen. Ich kann dich im besten Falle nur daran erinnern, daß es so gemeint ist. Daß also der ganze Angriff auf die ›Sperre‹ sinnlos bleibt, wenn er zuletzt nicht auch den ›Herrn dahinter‹ trifft, nämlich dich selbst. Also: tua res agitur, es geht um dich selbst.
Letzten Endes dreht im Zen sich alles nur um diesen einen Punkt. Und dies erst recht im Zen-Gespräch. Jede Frage, jede Antwort kann hier wirken wie ein abgeschossener Pfeil. Und den Sieg behält nur eine Antwort oder eine Frage, die den anderen zum Schweigen bringt. Gelingt das nicht, so kann's gefährlich werden: Ohr um Auge, Auge um Ohr. Dem Zen-Gast Liang muß man es lassen, daß er im Kampfe gegen seine eigene Natur tatsächlich weit gegangen ist. Wer sich selbst bemüht hat oder noch damit beschäftigt ist, gewisse Hindernisse auf dem Weg zur inneren Befreiung wegzuräumen, der fühlt mit ihm und sagt dazu bewegt: ›Ach ja!‹ (So der ursprüngliche Ausdruck für das Wort ›ergreifend‹.) Auch hat der Zen-Gast Liang genau gesehen, wohin sein Pfeil gerichtet war, worauf es letzten Endes ankam. Hier erwartet nun der Leser einen Hinweis auf den Punkt, an dem der Zen-Gast Liang es schließlich doch hat fehlen lassen. Hsüä-dou, der Dichter, aber schweigt an dieser Stelle. Wo es um das Schwerste geht, um das, was ernsthaft keiner je von einem anderen verlangen kann, nur von sich selbst, da wird er hintergründig und bricht ab.

Sein letzter Satz bezieht sich nicht auf Liang; auf diesen läßt er sich in keinem Falle deuten. Jetzt wendet sich sein Blick zurück auf Tjin-schan, auf die Hauptperson des Beispiels. »Ein richtiger Mann«, beginnt er schlicht, und die Erklärer deuten dieses ›richtig‹ scheinbar anspruchslos einfach im Sinne nüchternster Wahrhaftigkeit und Sachlichkeit: du mußt dich einfach daran halten, daß dir die Augen waagrecht im Gesichte stehen und die Nase senkrecht, weiter nichts. Jeden Gegenstand und jeden Sachverhalt so nehmen, wie er ist, nichts hinzutun, nichts davon abstreichen – das ist alles, das eben macht den ›richtigen Mann‹. Auch bei uns Deutschen heißt es immer noch: »Ein Mann, ein Wort.«

Von solchem ›richtigen Mann‹ sagt Hsüä-dou also zum Beschluß, er sei bereits »von vornherein[1] im Grund des Herzens Patriarch«. Hsüä-dou schätzt ihn nicht geringer als den Patriarchen Bodhidharma selbst. Das will sehr viel sagen. Darauf deuten auch die späteren Erklärer mit bewußtem Nachdruck hin. Jeder kann sich neben Bodhidharma stellen, wenn er nur ganz ehrlich ist. Das läuft freilich auf ein anderes Verhalten hinaus, als der Zen-Gast Liang es an den Tag gelegt hatte. Das erfordert mehr als nur den Durchbruch durch ›drei Sperren‹, nämlich die Erledigung des ›Herrn im Hintergrund‹. Auch uns ist das Apostelwort geläufig: »Wenn sich jemand dünken läßt, er sei etwas, wo er doch nichts ist, der betrügt sich selbst« (Brief an die Galater 6,5). Erst einmal die eigene Nichtigkeit erkennen und vor sich bekennen, das allein schafft Raum für eine Neugeburt.

[1] ›Von vornherein‹: chinesisch: hsiän-tiän, japanisch: sen-ten, wörtlich: ›dem Himmel vorausgehend‹, ist der festgeprägte Ausdruck für den uns von Kant her geläufigen Begriff ›a priori‹.

Siebenundfünfzigstes Beispiel

Dschau-dschou's ›höchster Weg‹

Hinweis

VORHER, ehe man vermag hindurchzuschauen, ist es wie die eisenharte Felswand eines Silberberges. Hast du es dagegen eines Tags erreicht, hindurchzusehen, bist du selbst schon immer diese eisenharte Felswand eines Silberbergs gewesen.

Nun kann freilich einer dir den Einwurf machen: Halt' einmal! Wie kann denn so etwas geschehen? In solchem Falle wende dich ihm zu und sage: Wenn es dir in der Beschäftigung mit dieser Frage vielleicht einmal gelingt, ein inneres Triebwerk zu entdecken, oder wenn dir irgendeine Tatsache vor Augen tritt, dann mußt du ›Furt und Fähre augenblicks abtun‹, auch gehe nicht die Wege von gemein und heilig und tue nichts, was außerhalb des dir gegebenen Teiles liegt!

Im andern Fall, wenn du soweit noch nicht gelangt bist, sieh her und nimm die Art und Weise unserer Alten dir zum Vorbild!

Beispiel

Wir legen vor:

EIN Mönch erinnerte Dschau-dschou an dessen einstigen Ausspruch: »Der höchste Weg ist gar nicht schwer, nur abhold wählerischer Wahl«, und fragte ihn: Wie macht man es, nicht ›wählerisch zu wählen‹?

Dschau-dschou sagte: ›Über dem Himmel und unter dem Himmel Ich allein erhaben‹.[1]

Der Mönch erwiderte: Dieses [›erhaben‹] ist doch aber ›wählerische Wahl‹!

Dschau-dschou sagte: Dummer Bauernlümmel! Wo ist denn da etwas von wählerischer Wahl?

Der Mönch fand keine Worte.

[1] Vgl. Band II, Seite 146, Zeile 11 und 12.

DAS ist wie Meerestiefe,
Ist hart wie Berggestein.
Ein mächtiger Sturm, verweht Geschmeiß von
Mücken und Moskiten.
Ein Eisenpflock, zermalmt Ameisen und Gewürm.
›Wählerisch‹ – ach ja!
›Wählen‹ – ja, ach ja!
Die Trommel, hat sie statt des Felles
ein Tuch, gibt keinen Klang.

Achtundfünfzigstes Beispiel

Ist Dschau-dschou's Wort vom ›höchsten Weg‹ nicht eine Fallgrube für die Menschen?

[ohne Hinweis]

Das Beispiel

Wir legen vor:

Ein Mönch fragte Dschau-dschou: ›Der höchste Weg ist gar nicht schwer; er liebt es nur nicht, wählerisch zu wählen‹: ist dieser Ausspruch für die Menschen unserer Zeit nicht etwa zu einer Falle geworden, in der sie sich verfangen können?
Dschau-dschou antwortete: Es war einmal jemand, der fragte mich: Aha, da habe ich ja wohl etwas bekommen, woran ich fünf Jahre lang zu schlucken haben werde, ohne daß es mir hinuntergeht?

Gesang

Ein Elefantenkönig runzelte die Stirn
und zog sie wieder glatt.
Ein Leu erhob sein mächtiges Gebrüll.
Zu so etwas noch Worte machen, ist
Geschwätz, geschmack- und sinnlos!
Laßt lieber nur in Süd, Nord, Ost und West
Die Vögel singen, die Hasen springen!

Neunundfünfzigstes Beispiel

›Nur keine wählerische Wahl‹

Hinweis

HIMMEL und Erde zusammen umfassen, hinaus und hinauf über heilig und gemein, hoch über die Spitzen der hunderterlei Gräser empor eindringen in das wundersame Herz und Wesen des ›Erlöschens‹ (Nirvâna), und dann, wenn Schild und Speer zusammenprallen (in der Hitze des Redegefechtes) von dem Lebenspulsschlag eines Kuttenmönches einen lebendigen und nachhaltigen Eindruck hinterlassen – saget mir einmal: wer sind die Menschen, die das fertig brachten, und durch welche Gnadenkräfte haben sie es wohl geleistet?
Versuchen wir's mit einem Beispiel!
Sehet her!

Das Beispiel

Wir legen vor:

EIN Mönch fragte Dschau-dschou:
›Der höchste Weg ist gar nicht schwer; er liebt nur keine wählerische Wahl‹ – macht man aber nur ein wenig Worte, so ist das doch schon wählerische Wahl! Wie hält es der Ehrwürdige in seinem Dienste an den Menschen?
Dschau-dschou erwiderte: Warum führst du diesen Ausspruch nicht bis zum Ende an?
Der Mönch sagte: Habe ihn halt nur bis dahin gelernt.
Dschau-dschou erwiderte: Dann halt nur dieses: ›Der höchste Weg ist gar nicht schwer, Er liebt nur keine wählerische Wahl.‹

Erläuterung des Beispiels

Dschau-dschou also sagte: »Einfach dieses Wort: ›Der höchste Weg ist gar nicht schwer, nur abhold wählerischer Wahl‹«. Das ist, wie wenn man aus einem Steine Feuer schlägt, wie wenn ein Blitzlicht aufblitzt, wie Gefangennehmen und Freilassen, wie Töten und Lebendigmachen. So gewinnt er sich die Freiheit, welche in sich selber ruht. Die Leute sagen überall, Dschau-dschou habe eben eine überragende Art, sich auszudrücken. Jedenfalls pflegte Dschau-dschou seinen Hörern stets zu sagen: »Ich habe immer nur den einen Spruch: ›Der höchste Weg ist gar nicht schwer; er liebt nur keine wählerische Wahl‹. Aber macht man nur ein wenig Worte, so hat man schon hier wählerische Wahl, hier offene Helle, pures Weiß. Ich alter Mönch hier stehe gar nicht in der offenen Helle. Aber Ihr hier seid ja wohl dabei, sie sorgfältig festzuhalten und zu hüten, oder nicht?«
Nun war da ein Mönch, der fragte: »Wenn Ihr schon nicht in der offenen Helle steht, was habt Ihr da noch festzuhalten und zu hüten?« Dschau-dschou sagte: »Ich weiß auch nicht«. Der Mönch versetzte: »Wenn schon der Ehrwürdige es selbst nicht weiß, wie kann er dann sagen, er stehe nicht in der offenen Helle?« Dschau-dschou erwiderte: »Das Fragen hast du jetzt gehabt; nun mache deine Verbeugung und tritt zurück!«
Später nun griff derselbe Mönch einfach diese offen gelassene Frage wieder auf, ging hin und fragte Dschau-dschou. Daß er das fertig brachte, das ist schon ganz außerordentlich und verdient Bewunderung. Es war wohl einfach irgendwie ein Drang in seinem Herzen, der ihn dazu trieb. Ein anderer an seiner Stelle hätte Dschau-dschou schwerlich noch etwas zu erwidern gewußt.
Aber was vermag nun dieser Mönch hier angesichts der Meisterschaft des alten Dschau-dschou? Der fragt ihn einfach: »Warum führst du denn die Stelle, welche zu zitierst, nicht bis an ihr Ende an?«[1]
Aber auch der Mönch weiß sich zu wenden. Er sagt frei heraus: »Habe das halt nur bis dahin gelernt.«
Auf den ersten Blick scheint alles nun in bester Ordnung. Dschau-dschou nimmt des Mönches Worte einfach auf und antwortet ihm im selben Ton. Für ihn bedarf es keiner umständlichen logischen Auseinandersetzung. Einer der Alten[2] hat gesagt: »auch eine Erbschaft übernehmen ist sehr schwer«...
Du kannst, was Dschau-dschou sagt, weder die Bejahung eines Seins noch die Bejahung eines Nichtseins nennen, weder die Verneinung eines Seins, noch die Verneinung eines Nichtseins. Was er sagt, liegt abseits

[1] Die Fortsetzung des Zitates lautet: »Denn wo man weder haßt noch liebt, ist Klarheit, hell und weiß«.

[2] Einer der Alten: Dung-schan Liang-djiä (japanisch: Tô-zan Ryô-kai), 807–869, Trt III A 11f, Schüler des Meisters Yün-yän Tan-schëng.

von den vier logisch möglichen Mustern einer Aussage[1] und geht über alle hundert möglichen Verneinungen hinaus. Und dies weshalb? Weil es bei ihm, wenn du mit ihm darüber diskutieren willst, aufblitzt, wie von einem angeschlagenen Feuerstein. Blicke ja rasch hin, dann wirst du es schon sehen! Stellst du jedoch verstandesmäßige Überlegungen zu einer Diskussion an und gerätst ins Zaudern, dann kostet es dich unabwendbar Leib und Leben.

Gesang

TROPFEN, die versprühn, nicht haften;
Wind, der bläst, doch nie dringt ein;
Tigers Tritt, Gang eines Drachen;
Götterschluchzen, Teufelsschrei.
Und ein Kopf drei Spannen lang –
ahnst wohl, wen ich meine,
Der da schweigend vor dir steht
auf dem einzigen Bein...

Zum Verständnis des Gesangs

Der Gesang zerfällt in zwei Teile: Während die erste Strophe, deren Metaphern die Unfaßbarkeit in Dschau-dschou's Antwort umschreiben, im Lapidarstil zu vier Worten je Vers abgefaßt ist, weisen die beiden Schlußverse das Sieben-Wort-Metrum auf.
Im fünften Verse wird wiederum ein Wort des Dung-schan Liang-djiä (siehe Seite 78, Anm. 2) aufgenommen. Von einem Mönch nach dem Wesen des Buddha befragt, antwortete jener: »Der Kopf drei Spannen lang, der Hals zwei Zoll kurz.« So überliefert es der ›Bericht von der Weitergabe der Leuchte‹ (siehe Band I, Seite 14 und passim) im 15. Kapitel. Was immer dieses änigmatische Wort bedeutet, festzuhalten ist, daß der hohe Kopf in China als Zeichen des langen, wenn nicht gar ewigen Lebens galt. Lau-dsï und der mit ihm verschmolzene Gott des langen Lebens Schou-lau sind oft in dieser Weise dargestellt worden.

[1] Die buddhistische Logik stellt zunächst vier Muster von möglichen Aussagen auf: 1. Schlichte Bejahung, 2. Schlichte Verneinung, 3. Verneinte Bejahung, 4. Verneinte Verneinung (z. B.: es ist kalt; es ist nicht kalt; es ist nicht an dem, daß es kalt wäre; es ist nicht an dem, daß es nicht kalt wäre. Theoretisch läßt sich die Häufung von Position und Negation beliebig weiter fortsetzen, so daß die Überlieferung von »hundert möglichen Mustern logischer Aussage« redet.

Rätselhafter noch erscheint die letzte Zeile. Yüan-wu bezieht sie, wie seine ›Zwischenbemerkung‹ zu diesem Vers erkennen läßt, auf den Bergkobold Hsiau, den der dauistische (taoistische) Philosoph Go Hung im 4. Jh. n. Chr. folgendermaßen schildert: »Es ist ein Berggeist, von der Gestalt eines Kindes, mit einem einzigen Bein, das rückwärts weist. In der Nacht macht er sich einen Spaß daraus, die Menschen anzufallen. Sein Name ist Hsiau. Ruft man ihn mit diesem seinem Namen, vermag er nicht, die Menschen anzufallen.«
In seinen ›Erläuterungen zum Gesang‹ bemerkt Yüan-wu von den beiden Schlußversen, jedes Kind sei mit ihnen vertraut und könne sie begreifen. Vielleicht, daß hier aus einem Kinderliede zitiert wird, welches dem Bergkobold galt und, von Hsüä-dou auf eine höhere Ebene hinaufgehoben, als ein Bild dessen zu deuten ist, der nicht mehr auf den zwei Beinen menschlicher Antinomien steht.

Zum Verständnis der Kapitel 57 bis 59

In jedem der drei Beispiele, die hier aufeinander folgen, geht es um dasselbe Wort des alten Dschau-dschou, welches Hsüä-dou schon zu Anfang seiner Sammlung auf den Ausspruch Bodhidharma's von der ›offenen Weite‹ folgen ließ: »Der höchste Weg ist gar nicht schwer, nur abhold wählerischer Wahl«. Warum er sie gerade hier an dieser Stelle neu hervorholt, läßt sich kaum ergründen. Vielleicht bewog ihn das Bedürfnis, nach der Menge guter Aussprüche von späteren Meistern wieder einmal auf den Punkt zurückzugreifen, von dem er selbst im Anfang ausgegangen war. Und da es ihm mit diesem Vorsatz Ernst war, widmete er ihm gleich auf einmal drei Kapitel und dichtete dazu auch drei Gesänge, welche sich in keiner Weise wiederholen. Ein hochoriginaler Geist, wie dies auch sein Herausgeber, Yüan-wu, in einer seiner ›Erläuterungen‹ nachdrücklich hervorhebt.

Dieser geistigen Lebendigkeit entspricht es, daß auch die drei Kapitel 57 bis 59, die doch alle um denselben Ausspruch Dschau-dschou's kreisen, sich in keiner Weise wiederholen, sondern ihren Leser ständig weiterschreiten lassen.

Im ersten der drei Beispiele und Gesänge geht es darum, den Gegenstand, der hier geboten wird, gleich zu Beginn im richtigen Geiste anzufassen: nämlich anders, als der dort erwähnte Mönch. Dieser hat dem äußeren Anschein nach gar nicht so unrecht, wenn er Dschau-dschou's Ablehnung des ›wählerischen Wählens‹ auch als ›wählerische Wahl‹ bezeichnet. Rein logisch läßt sich gegen dieses Urteil kaum etwas einwenden. Aber was ihm fehlt, das ist gerade das, worauf es ankommt: Sinn und Verständnis für den grundsätzlichen Unterschied zwischen irgendeiner relativen und der absoluten Wahrheit. Zwischen diesen beiden klafft ein Abgrund, welchen freilich der nicht sieht, der die letztere nicht kennt. In der Welt, die sich dem Buddhageist erschließt, sieht es, wie im ›Himmel‹ eines Christen, nicht nur ›aliter‹, d. h. anders aus, sondern ›totaliter aliter‹; zwischen ihr und der des unterscheidenden Verstandes ist nun einmal eine Kluft befestigt, die wir nur im Geist des Glaubens überspringen können.

Das zweite der drei Beispiele vom ›höchsten Weg‹, das 58. Kapitel, befaßt sich mit den Schwierigkeiten, die es kostet, den Sinn des hier beschriebenen ›höchsten Weges‹ zu erfassen, oder besser mit der Schwierigkeit, nun diesen Weg selbsttätig anzutreten. Es ist ein harter Bissen, welchen Dschau-dschou seinen Hörern hier zu schlucken gibt. Darum erteilt er diesen nun den guten Rat, sich Zeit zu lassen und die Worte Dschau-dschou's einfach stille in sich zu verschließen. Dann setzt sich deren Wahrheit, ohne daß die Logik sich mit ihrer Argumentation dazwischenschiebt, auf dem Wege der Erfahrung ganz von selber durch. Und im Gesang beginnt Hsüä-dou bereits, seiner Begeisterung für diesen Sieg der freien Intuition über den Herrschaftsanspruch der Logik in kühnen Bildern Luft zu machen. Er steigert Dschau-dschou's Worte zum löwenartigen Gebrüll, das jeder hören muß, und mahnt dagegen alle Menschen, zu verstummen. Es ist durchaus genug, wenn nur »die Vögel singen, die Hasen springen«!

Aber selbst die hier ausbrechende Begeisterung ist diesem Hsüä-dou nicht genug. In dem dritten der Gesänge zu den Worten Dschau-dschou's läuft sie sozusagen über, wie ein Topf kochenden Wassers. Sein neunundfünfzigster Gesang entzieht sich mit der Häufung von zunehmend rätselhaften Gleichnisbildern bis ans Ende mehr und mehr der klaren Deutung. Doch ist ihm die schwierige Deutbarkeit in diesem Falle offenbar gerade recht, weil es sich ja letztlich um nichts anderes handelt, als um den »höchsten Weg«, der wie der »Friede Gottes« unbedingt und unter allen Umständen »höher ist als alle Vernunft«. Der »höchste Weg«, er ist auch in der Tat »nicht schwer«; er liebt nur nicht »die wählerische Wahl«. Und darum ist er für uns ständig wählerische Menschen eben doch unsagbar schwer. Um die Schwierigkeit zu überwinden, bedarf es theoretisch einer neuen Einsicht in sich selbst und praktisch einer radikalen Umkehr. Dann braucht sich einer nur die kurzen Sätze, welche Dschau-dschou seinen Schülern einpaukt, vorzuhalten, und alles andere gibt sich von selbst. Alles nehmen, wie es kommt, keine Sonderwünsche hegen, ja zu jeder Freude sagen, ja zu jedem Schmerz – dann führt der Weg ganz ohne Mühe in die Höhe über alles weg ins Reich der Ruhe und des Friedens.

Sechzigstes Beispiel

Yün-mën und sein Wanderstab

Hinweis

ZWISCHEN den Buddhas [der Drei Weltzeitalter] und den gemeinen Lebewesen ist von Ursprung her kein Unterschied. Sollten [die fühllosen] Berge und Flüsse von anderer Art, von anderem Rang sein als wir selbst? Warum dann geht man hin und schafft überall zwei Seiten?

Wenn wir imstande sein wollen, ›die Bezeichnungen spielend umzudrehen‹ oder ›Furt und Fähre [zu einem ›anderen‹ Ufer] augenblicks abzutun‹, dann ist ein Nachlassen nicht angängig. Und wenn wir darin nicht nachlassen, bedarf die ganze große Erde nicht eines einzigen Fingerdrucks.

Wie nun geht das: ›die Bezeichnungen spielend umdrehen‹?

Versuchen wir's mit einem Beispiel!

Das Beispiel

Wir legen vor:

YÜN-MËN nahm seinen Wanderstab, zeigte ihn den Hörern und sagte: Da, der Wanderstab hat sich in einen Drachen verwandelt und das Weltall verschluckt. Wo kommen jetzt die Berge, die Flüsse und die ganze große Erde her?

Gesang

SEIN Wanderstab hat aufgeschluckt die ganze Welt.
S'ist müßig, wenn wir sagten: über Pfirsichwogen
ist er flußauf geschnellt.
Auch der, des Schwanz versengt ist, wird nicht mehr
nach Wolken greifen, Nebeln fassen;
Und wem die Kiemen sind verdorrt, er muß
nicht mehr den Mut verlieren, seine Seele lassen.
Dies meiner Deutung Schluß!
Habt ihr's gehört?

Dann laßt euch fallen jetzt, gelöst und frei!
Indes, verwickelt-wirrem Wahn entsagt!
Die zweiundsiebzig Hiebe wären leicht bemessen,
Da hundertfünfzig ihr doch nicht ertragt.

Hiermit sprang Meister [Hsüä-dou] auf, den Wanderstab zur Hand nehmend, und kam von seinem Lehrsitz herab.
Augenblicks zerstob die Menge der Mönche in alle Winde.

Zum Verständnis des Beispiels

Yün-mën, Meister ›Wolkentor‹, ist uns schon des öfteren begegnet, zuletzt im 54. Beispiel. Es scheint ein von ihm bevorzugter Kunstgriff gewesen zu sein, seinen Wanderstock zu ›verwandeln‹: Im 22. Beispiel hatte er ihn vor Hsüä-fëng hingeschleudert und »eine schreckhafte Gebärde gemacht«, so als wäre der Stock jene Schlange mit der Schildkrötennase gewesen, die man am Südhang des Berges vermutet und gesucht hatte. (Siehe Band I, Seite 385, 391f. und 403.)
Aus Yüan-wu's ›Erläuterung des Beispiels‹ seien ein paar Sätze zitiert, die zur Deutung beitragen:
Einfach so, wie Yün-mën das gesagt hat! »Der Wanderstab hat sich in einen Drachen verwandelt und das Weltall verschluckt. Wo kommen jetzt die Berge, die Flüsse und die ganze große Erde her?« Wenn du nun sagst, sie seien da, dann bist du blind. Und wenn du sagst, sie seien nicht da, bist du tot. Seht ihr denn auch richtig, wie es Yün-mën macht, um anderen zu helfen? Komm, gib mir meinen Wanderstab zurück! Die Menschen von heutzutage haben kein Verständnis für die Art, wie Yün-mën selbst sein Inneres aufschließt; sie meinen im Gegenteil, in der Miene zeige sich das Herz, und in den Dingen zeige sich das geistige Prinzip...
Wenn in eurer Brust tief drinnen nur ein einziges Ding da ist, dann seht ihr die Berge, die Flüsse und die ganze große Erde haarscharf vor Augen. Und wenn in eurer Brust tief drinnen kein einziges Ding da ist, dann gibt es auch in der Außenwelt kein einziges Fädchen und Härchen...

Zum Verständnis des Gesangs

Die Verwandlung des Wanderstabes in einen Drachen wird von Hsüä-dou geistreich mit einer alten Sage verknüpft, die ebenfalls von der Verwandlung in Drachen weiß: Am Oberlauf des Gelben Stromes, an der Grenze zwischen den Provinzen Shansi und Shensi, befindet sich eine Schlucht, das ›Drachentor‹. Dieses soll im legendären Altertum Kaiser Yü geschaffen haben, als er die Wasser der großen Überschwemmung ableitete.

Am ›Drachentor‹ nun sammeln sich im Frühjahr – wenn Pfirsichblüten auf dem Strome treiben – die Karpfen und andere große Fische, um zu versuchen, flußaufwärts die Stromschnellen zu überwinden. Den stärksten unter ihnen, die hoch durch die Lüfte fliegen, wird dabei vom Blitz der Schwanz versengt; doch werden sie dadurch belohnt, daß sie in Drachen – jene freundlich-machtvollen Wesen in Chinas Fabel- und Vorstellungswelt – verwandelt werden. Die schwächeren Fische hingegen, denen der Sprung nicht gelingt, zerschmettern ihren Kopf an den Felsblöcken im Fluß und verenden, ans Ufer geschwemmt: ihre Kiemen verdorren in der Sonne.
Hsüä-dou will vermutlich sagen: Vorm Absoluten, das die Vertauschung aller Dinge und Namen erlaubt, verliert die Scheidung von Stark und Schwach, von Erfolg und Mißerfolg ihren Sinn.

Fëng-hsüä's ›Stellt man ein Stäubchen hin‹

Hinweis

WER sich anschickt, die Flagge des Buddha-Gesetzes zu hissen, der muß bereits auch selbst im Eigentlichen unseres Glaubens festgegründet und ein Meister sein. Um den Unterschied zwischen Drache und Schlange, zwischen dem Seidenschwarz[1] [bewährten Wissens] und dem Naturweiß [ahnungsloser Einfalt] klar zu sehen, dazu braucht es schon einen echten Kenner mit dem richtigen Verständnis.

Von den Fällen, wo im Zweikampf Tod und Leben an des Schwertes Schneide hängen, wo an des Stockes Ende sich die Qualität des inneren Getriebes ausweist, sehen wir hier zunächst ab.

Aber saget einmal: Eine Sache, bei der man allein auf seinen innersten ›Kronbesitz‹[2] angewiesen ist, wie soll man die in einem einzigen Satz abhandeln?

Versuchen wir's mit einem Beispiel!

Sehet her!

Das Beispiel

Wir legen vor:

FËNG-HSÜÄ[3] unterwies seine Hörer mit den Worten: Stellst du nur ein einziges Stäubchen hin, so steht dein Haus samt deinem Heimatlande auf zur Blüte.

Und stellst du solch ein Stäubchen nicht auf, so gehen Haus und Heimat für dich unter und verschwinden.

Hsüä-dou nahm [bei diesen Worten] seinen Wanderstab fest in die Hand und sagte: Aber sitzt denn unter euch, ihr Kuttenmönche, wohl auch einer, der bereit ist, so mit uns zu leben und zu sterben?[4]

[1] Von dieser Farbe waren die Kutten der buddhistischen Mönche.

[2] Eig. jenes Territorium, in welchem der Himmelssohn zu sagen hat, im Gegensatz zu den Gebieten außerhalb der Grenzpässe, wo die Entscheidungen in der Hand des Generals liegen.

[3] Fëng-hsüä Yän-dschau (jap.: Fu-ketsu En-shô), 10. Jh. Siehe besonders Band II, Seite 101–112; Trt III B 14.

Gesang

EIN greiser Landmann, was auch komme, zieht die Stirne
nicht in Falten.
Zunächst besinnt er sich für Haus und Vaterland
auf einen sicheren Grund.
Wo fände heute sich ein planender Gefolgsmann, wo ein
sturmentschlossener General?
Reiner Wind auf tausend Meilen – weiß nur von
sich selbst.

Fußnote zu Seite 87

[4] Hsüä-dou kann nicht ernst und streng genug darauf hinweisen, worum es geht. Es ist ihm dringendes Bedürfnis, sich an dieser Stelle des genauesten Verständnisses der Hörer zu versichern.

Yün-mën's ›innen drin verborgener Schatz‹

Hinweis

Ein Wissen, welches man von keinem Lehrer hat, führt zu einem wundersamen Wirken ohne eigenes Tun.
Ein Erbarmen, das durch keinerlei Beziehungen besonderer Art veranlaßt ist, schafft ungebeten oft die schönste Freundschaft.
Welch bemerkenswerte Art von Menschen sind doch diese Leute, welche ungebeten und unaufgefordert hingehen und sich um ihre Mitmenschen und ihr wahres Wohl, ihr ewiges Heil bemühen, die versuchen, sie zur heilsamen Erkenntnis zu bewegen und auf den rechten Weg zu führen! In einem einzigen Sätzchen, das sie sprechen, haben sie etwas, das tötet, und etwas, das lebendig macht. In einem einzigen inneren Getriebe, das sie in Bewegung setzen, bringen sie, was frei und los macht, und ebenso, was bindet.
Saget mir einmal: was für eine Art von Menschen ist das?
Versuchen wir's mit einem Beispiel!
Sehet her!

Das Beispiel

Wir legen vor:

Yün-mën sagte bei der Unterweisung seiner Hörer: ›Innerhalb des Himmels und der Erde, mitten drin im großen All, befindet sich ein Schatz. Der Berg, in welchem er verborgen liegt, heißt: (menschliche) Gestalt.‹ Nehmen wir eine Laterne, bringen sie ins Innere des Buddhatempels und stellen noch darüber das dreifache Tempeltor!

Gesang

Seht her, seht her:
Wer hält am alten Ufer dort
die Angelrute fest in Händen?
Gewölk nur flach und leicht,
das Wasser übervoll.
In Mondeshelle wiegt
das Schilfrohr seine Rispen.
Versuch es, Freund, auch du!

Wieder einmal läßt hier Hsüä-dou, der Sammler dieser hundert ›öffentlichen Aushänge‹, den Meister Yün-mën Wën-yän zu Wort kommen, welchen er, wie man vermuten darf, von allen, die er anführt, wohl am höchsten schätzt. Und die Worte, welche er nun von ihm weitergibt, haben es wahrhaftig in sich. Sie wollen uns auf etwas ganz Besonderes hinweisen, auf ein Geheimnis, das wir vielleicht gar nicht kennen, oder dem wir doch nicht die Beachtung schenken, welche es zu Recht verdiente. Deshalb hütet er sich deutlich davor, mit dem Gegenstand, den er uns zeigen möchte, plump herauszuplatzen. Er macht es, wie etwa der Besitzer eines Edelsteins, der diesen seinen Schatz nicht einfach mit den Fingern vorzeigt, sondern im vornehmen Kästchen auf blausamtener Unterlage. Das Behältnis aber, das in unserem Fall in Frage kommt, ist von völlig anderer Art als das, worein die Menschen Gold und Edelsteine legen. Es ist zugleich unmeßbar groß und ebenso unmeßbar klein. Es ist der Himmel und die Erde, das ganze unausdenkbar weite All. Zu dieser allgemeinsten Ortsangabe tritt nun aber die genauere, daß der geheimnisvolle Gegenstand sich nur auf dieser Erde finde, und auf dieser wiederum allein im Innern der ›Gestalten‹, die sich hier zwischen Vierfüßlern, Kriechtieren, Schlangen usw. je auf zwei Menschenbeinen fortbewegen. – Feiner, zarter kann man ein Geheimnis, welches doch für jeden Menschen von entscheidender Bedeutung ist, also unbedingt verkündet werden muß, schwerlich weitergeben.

Und was ist nun der geheime Schatz, auf welchen Meister Yün-mën so bedeutungsvoll den Hörer hinweist, ohne ihn doch nur mit einem Worte näher zu beschreiben? Nun gerade dieses Schweigen kündigt es am deutlichsten, am klarsten an, um was es sich bei diesem Schatze handelt. Nämlich um ein Hohes, Höchstes, woran Worte überhaupt nicht mehr heranreichen, unbeschreiblich einerseits und auf der anderen Seite dennoch klar und deutlich, so wie Friedrich Schiller es beschreibt: »Im Herzen kündet es laut sich an: zu was Besserem sind wir geboren.«

Und dieses ›Bessere‹ ist in der Tat ein Ding, das sonst nirgends in der Welt zu finden ist, als eben hier im Herzen. In ihm allein wohnt die geheime Macht, die den Menschen über alle andere Kreatur emporhebt. Davon ist Yün-mën, der hier redet, so durchdrungen, daß ihm alles andere wertlos wird, was die Menschen immerhin in frommer Ehrfurcht an Mahnmalen und Erinnerungszeichen für eben dies ›Geheime‹, diesen ›Schatz‹ erfinden und errichten. Ihn mutet diese Art des Frommseins so armselig an, daß ihn geradezu die Lust ergreift, jenen ganzen Kram von Weihegaben, von Altären, Steinlaternen und so weiter zu einem ungefügen Berg von heiligem Gerümpel aufzuhäufen, welches seinen wahren Sinn erst wieder dann gewinnt, wenn es im Raume eines Menschenherzens sich zu wahrer Andacht, wahrem Licht und wahrer Seligkeit vergeistigt.

Zum Verständnis des Gesangs

Die beiden ersten Sätze des ›Beispiels‹ sind wörtlich dem Bau-dsang-lun, dem ›Traktat von der Schatzkammer‹, entnommen, welcher den Mönch Dschau (384–414) zum Verfasser hat. (Siehe Band I, Seite 507, und Band II, Seite 144f.)
Katô Totsudô meint, Hsüä-dou werfe hier jene Sätze wie eine Angel aus, daher das Motiv seines Gesanges. Aber auch ohne solche Herleitung ist das Bild des ganz in sich versunkenen Anglers, der sitzt und sitzt, bis endlich mal ein Fischlein kommt und anbeißt, klar und deutlich: Es ist die treffendste Beschreibung dessen, was im Zen Übung bedeutet. Darum der Schluß: Versuch es, Freund, auch du!

Dreiundsechzigstes Beispiel

Nan-tjüan schlichtet einen Streit um eine Katze

Hinweis

Die Wege der Gedanken und des Willens führen nicht dahin. Es bedarf schon sorgfältiger Einführung und Leitung. Schlüsse ziehen hilft nicht weiter. Besser ist es, nur schnell hinzublicken. Wenn es dann einmal [gleichsam] mit Blitzen um euch zuckt und Sterne fliegen, dann könnt ihr einen Meeresgrund ausleeren und Wallfahrtsberge umkippen. Ist unter euch keiner, der das klar durchschaut?
Versuchen wir's mit einem Beispiel!

Das Beispiel

Wir legen vor:

Ein Tag bei Nan-tjüan.[1] Seine Hörer in den beiden Hallen, der östlichen und westlichen, stritten sich um eine Katze.
Nan-tjüan sah es an, und schließlich machte er [den streitenden Parteien] einen Vorschlag: Wenn ihr, sagte er, mir einen Weg zur Lösung eures Streites zeigen könnt, zerschneide ich sie nicht. Die Hörer hatten keine Antwort. Nan-tjüan schnitt die Katze in zwei Hälften.

Gesang

Die Hallen beide stur, vom Eigensinn besessen.
Ein Wirbel Staub und Rauch für nichts und aber nichts.
Doch Nan-tjüan, zum Glück, er bleibt der Lage Meister.
Mit einem Schwertstreich zweigeteilt,
gibt recht er beiden Seiten.

[1] Nan-tjüan Pu-yüan (jap.: Nan-sen Fu-gwan), 749–835; Trt III B 9b. Siehe besonders Band I, Seite 472–475.

Nan-tjüan's Schwerthieb durch die Katze ist in Ostasien allgemein bekannt. Man schätzt ihn als ein Beispiel dafür, daß ein echter Meister je nach Umständen sich auch über geltende Gebote und Verbote kühn hinwegsetzen kann. Das Verbot des Tötens erstreckt sich im buddhistischen Bereich nicht nur auf Mord an Menschen, sondern auch an sonstigen Lebewesen. Wenn Nan-tjüan sich erkühnt, diesem Verbot aus höheren Rücksichten zuwider zu handeln, so ist das schon ein wenig mehr, als wenn z. B. Jesus am Sabbat mit seinen Jüngern durch ein Kornfeld geht und Ähren ausrauft, wofür ihn seine Gegner des Bruchs der Sabbatheiligung beschuldigen.

Auf jeden Fall ist Nan-tjüan's Schwerthieb in hohem Maße eindrucksvoll. Seine Hörer streiten sich um eine Katze und merken dabei nicht, wie tief sie sich damit vor den Augen ihres Meisters bloßstellen und erniedrigen. Nan-tjüan zeigt sich als ganz großer Meister. Er tadelt nicht, hält ihnen keine Rede. Er zeigt nur mit seiner Tat den ganzen Ernst des Irrwegs, auf welchen sich die Streitenden unbedacht verleiten ließen. Zerren doch sie selbst mit ihrem Streit von beiden Seiten her an diesem Tier, als wollten sie es auseinanderreißen. Nan-tjüan hält es ihnen kraß vor Augen, worauf eigentlich ihr törichter Streit hinausläuft.

Immerhin gibt Nan-tjüan's Verfahren Anlaß zum Nachdenken und kann zu Diskussionen führen. Nan-tjüan selbst hat sichtlich ein Gefühl für diese Lage. Darum ist es ihm Bedürfnis, das, was er getan hat, auch dem besten seiner Schüler, Dschau-dschou, vorzulegen. Was wird Dschau-dschou nun zur Tat des Meisters sagen? Darauf war der Meister selbst gespannt. Und ebenso ist es auch jeder andere, sind es auch wir. Mit anderen Worten: aus dem ersten ›öffentlichen Aushang‹ hat ein zweiter sich entwickelt. Hsüä-dou, der Verfasser unserer hundert Beispiele und Gesänge, schließt deshalb an den Bericht vom Streit der Schüler um die Katze und von Nan-tjüan's kühner Art der Schlichtung einen zweiten ›öffentlichen Aushang‹ an, welcher nun ohne besonderen Hinweis in einem neuen Kapitel folgt.[1]

[1] Die ›Beispiele‹ beider öffentlichen Aushänge sind auch im Wu-mên-guan, der Sammlung von 48 solcher ›Aushänge‹ aufgenommen, die den Meister Hui-kai (1184–1260) zum Verfasser haben. Dort stehen sie, vereint, an der 14. Stelle. Vgl. Heinrich Dumoulin S. J., Wu-men-kuan, Der Paß ohne Tor, Sophia University, Tôkyô 1953, S. 25f.; sowie R. H. Blyth, Zen and Zen Classics, vol. IV, Mumonkan, Tôkyô 1966, S. 120–125

Vierundsechzigstes Beispiel

Nan-tjüan befragt Dschau-dschou

[ohne Hinweis]

Das Beispiel

Wir legen vor:

NAN-TJÜAN erzählte nachher, was er [mit der Katze] getan hatte, auch [seinem Schüler] Dschau-dschou, um zu hören, was er dazu sage. Statt einer Antwort schlüpfte Dschau-dschou aus seinen Strohsandalen heraus, legte sie sich beide auf den Kopf und wandte sich, um fortzugehen. Nan-tjüan sagte: Wenn du dagewesen wärest, hättest du die Katze gerade noch retten können.

Gesang

ZUM öffentlichen Aushang schön gerundet
gibt er es Dschau-dschou kund.
In Tschang-an's Mauern läßt es sich
gemütlich promenieren.
Ein Paar Sandalen auf den Kopf –
kein Mensch, der das versteht!
Daheim, zurück auf seinem Berg,
hat er nun wieder Ruh'.

Erläuterung des Beispiels[1]

Dschau-dschou, muß man wissen, ist der Schüler Nan-tjüan's. Sagt einer von den beiden A, dann versteht der andere ihn schon bis zum Z; er weiß sofort, worauf der Redende hinauswill.[2]
Nan-tjüan also trifft am Abend Dschau-dschou. Er erzählt ihm, was sich vormittags begeben hat, in der Hoffnung, seine Meinung dazu zu

[1] Der Text ist teils wörtlich übersetzt, teils verdeutlichend erläutert.

[2] Zum innigen Verhältnis zwischen Nan-tjüan und Dschau-dschou siehe Band I, Seite 72–75 und Seite 493–495.

erfahren. Dschau-dschou aber, als der altbewährte Meister, der er ist, spricht überhaupt kein Wort, sondern schlüpft statt dessen aus den Strohsandalen, hebt sie auf, legt sie sich auf den Kopf und dreht sich nach der Türe um. Nan-tjüan sagt zu ihm: »Wärest du dabei gewesen, du hättest der Katze das Leben retten können.«
Saget mir einmal: Stimmt das wirklich, oder ist es nicht doch falsch? Nan-tjüan hatte gesagt: »Wenn ihr mir einen Vorschlag machen könnt, zerschneide ich die Katze nicht.« Das war, wie wenn jemand aus einem Steine Feuer schlägt und Funken sprühen, war wie das Zucken eines Blitzes, der die Lage schlagartig erhellt. Nan-tjüan öffnet seinen Hörern die Augen: ihr mit eurem hartnäckigen Beharren auf einseitigem Eigentumsrecht zerreißet ja im Geist die Katze in zwei Hälften. Von einer halben Katze hat die eine Seite doch so wenig wie die andere. Nehmt Vernunft an und laßt ab vom Streit!
Aber nein! Die zwei Parteien bleiben hart. Dann lieber noch zwei halbe Katzen, als daß die Gegenseite das lebendige Tier bekommt!

Ein Außenstehender befragt den Buddha

Hinweis

OHNE Form und doch gestaltet, füllt ihr Wesen das ganze Weltall aus und hat trotzdem seine Richtungen und seine Breite. Sie sind ohne Absichten und Zwecke und lassen sich auf alles ein, was auf sie zukommt. Sie gehen über Land und Meer und wissen sich in jeder Not zu helfen. Sie greifen eine Ecke auf und machen die drei anderen deutlich[1]; messen mit dem Auge Gran und Unze. Prügelschläge nehmen sie wie Regentropfen, den Scheltruf »ho'« wie fernes Donnerrollen. Und doch besitzen sie damit die Ausrüstung für Überwärtsgerichtete noch nicht.
Saget mir einmal: Was ist es, was das Wesen eines Überwärtsgerichteten ausmacht?
Versuchen wir's mit einem Beispiel!
Sehet her!

Das Beispiel

Wir legen vor:

EIN Draußenstehender befragte den Buddha: Ich frage nicht [nach einem Bescheid] mit Worten; ich frage nicht [nach einem Bescheid] ohne Worte.
Der Weltverehrte ließ eine gute Weile verstreichen.
Schließlich tat der Außenstehende einen tiefen Seufzer der Bewunderung und sagte:
Des Weltverehrten großes Mitleid und Erbarmen hat mir die Wolken meines Irrtums aufgehellt und mich doch Eingang finden lassen.
Nachdem der Außenstehende fortgegangen war, fragte Ânanda[2] den Buddha: Was hatte dieser Draußenstehende denn für ein Zeugnis, daß er behaupten konnte, er habe den Eingang gefunden?
Der Buddha sagte: Der ist gleich dem, was man in der Welt ein gutes Pferd nennt; das sieht den Peitschenschatten und trabt los.[3]

Gesang

Es war einmal, da drehte sich
des Triebwerks Rad noch nicht.
Und dreht es sich, so schwingt es
immer nur nach beiden Seiten.
Da steht auch schon der klare Spiegel
auf dem Ständer.
Der zeigt genau den Unterschied
von hübsch und häßlich.
Wer hübsch und häßlich sauber unterscheidet,
dem schließen sich des Irrtums Wolken auf.
Wo könnte es im Tore des Erbarmens
Staub und Unrat geben?
Bedenke denn:
Ein gutes Pferd braucht keinen Hieb:
es sieht der Peitsche Schatten.
Auch »Jagewind«, das Tausendmeilenroß[1],
kannst du zur Umkehr zwingen,
Und dazu braucht es nichts als nur
drei Schnipper mit dem Finger.

Fußnoten zu Seite 97

[1] Zitat aus den ›Gesprächen‹ des Konfuzius (Lun-yü VII, 8). Vgl. Richard Wilhelm, Kungfutse, Gespräche (Lun Yü), Düsseldorf/Köln 1955, S. 83.

[2] Ânanda: Lieblingsjünger des Buddha Shâkyamuni.

[3] Schon im Samyuktâgama, einem Sûtra, das im 5. Jh. n. Chr. ins Chinesische übersetzt worden ist, findet sich der Vergleich mit vier Klassen von Pferden, die das geistige Fassungsvermögen der Mönche darstellen: die oberste Klasse derer, die dem Willen des Reiters folgen, sobald sie den Schatten der Peitsche sehen; die zweite Klasse derer, die es tun, wenn die Peitsche ihr Haar berührt; die dritte derer, die bis aufs Fleisch, und schließlich die Klasse derer, die bis auf die Knochen geschlagen werden müssen.

[1] »Jagewind«: eins der sieben berühmten Pferde des Ersten Kaisers der Tsin-Dynastie (reg. 221–209 v. Chr.). Man sagte, es könne an einem Tag 1000 chinesische Li (rund 500 km) zurücklegen.

Zum Verständnis des Beispiels

Das vorliegende ›Beispiel‹ findet sich, fast wörtlich, auch im Wu-mën-guan, dort an 32. Stelle. (Vgl. H. Dumoulin S. 45f., und R. H. Blyth, S. 222-227.)

Eben an jener Stelle, die den Angelpunkt der ganzen Erzählung bildet, haben die beiden Texte zwei verschiedene Lesarten: Während es im Bi-yän-lu heißt: »Der Weltverehrte ließ eine gute Weile verstreichen«, hat das Wu-mën-guan: »Der Weltverehrte blieb auf seinem Sitze hocken«. Die Version des Bi-yän-lu mutet sicherlich als die bessere an, worauf Katô Totsudô, der moderne Kommentator, nachdrücklich hinweist. Denn in dem, was der Buddha tut oder nicht tut, liegt seine Antwort an den vielleicht nur ironisch als ›Draußenstehender‹, als Häretiker vorgestellten, in Wirklichkeit aber ganz im Geiste des Zen denkenden Fragesteller. Dessen Herausforderung muß der Buddha seinerseits übertrumpfen. Bleibt er lediglich auf seinem Sitze hocken, so wäre das immerhin ein ›Bescheid ohne Worte‹, einseitig also und festgelegt. Die Formulierung »ließ eine gute Weile verstreichen« dagegen läßt alle Möglichkeiten offen, auch die, daß der Weltverehrte am Ende doch noch ein Wort sagen könnte.

Sechsundsechzigstes Beispiel

Yän-tou fragt: Woher?

Hinweis

Bei der Begegnung mit dem inneren Triebwerk eines andern diesem offen und gerade ins Gesicht sehen, ihm das Triebwerk einer Tigerfalle bieten, ihn geradeaus anfassen und festhalten, von der Seite her betasten und befühlen, Übung in der Kunst, mit der man einen Dieb ertappt, Begegnungen am hellen Tag, Begegnungen im Dunkel, sich beiderseits loslassen, beiderseits festhalten, so tun, als spielte man mit einer toten Schlange in der Hand – das sind die Fertigkeiten, die ein Meister in seiner Praxis beherrschen muß.

Das Beispiel

Wir legen vor:

Yän-tou fragte einen Mönch: Wo kommst du denn her? Der Mönch antwortete: Ich komme von der Westlichen Hauptstadt[1].
Yän-tou fragte ihn: Hast du denn, nachdem [der Rebell] Gelbnest abgetreten war, das Schwert bekommen?
Der Mönch antwortete: Ich konnte es bekommen.
Yän-tou streckte seinen Hals dem Mönch entgegen und rief: Kuo![2]
Der Mönch sagte: Euer Kopf ist ab!
Yän-tou lachte mächtig: Hahaha!!

Später kam der Mönch zu Hsüä-fëng.
Hsüä-fëng fragte ihn: Wo kommst du her?
Der Mönch antwortete: Ich komme von Yän-tou.
Hsüä-fëng fragte ihn: Welche Worte hatte er für dich?
Der Mönch erzählte ihm, was wir berichtet haben.
Hsüä-fëng gab ihm dreißig Schläge mit dem Stock und jagte ihn hinaus.

[1] d. i. Tschang-an.

[2] Ausruf beim Treideln von Booten, etwa »Hau-ruck!«

Gesang

ALS Gelbnest abgetreten war,
bekam er dessen Schwert.
Am kräftigen Lachen wird erkannt:
hier muß ein Meister sein.
Die dreißig mit dem Knotenstock
sind noch zu leicht bemessen!
Wer einen Vorteil hat erlangt,
büßt einen Vorteil ein.

Zum Verständnis des Beispiels

Um das Freundespaar der Meister Yän-tou und Hsüä-fêng kreiste schon der einundfünfzigste öffentliche Aushang. (Siehe die ›Vorerinnerung‹ auf Seite 15–19.)

›Gelbnest‹, chinesisch Huang Tschau, hieß der Anführer eines der Bauernaufstände, die das Ende der Tang-Dynastie einleiteten. Gelbnest, dem es zunächst gelungen war, die Westliche Hauptstadt Tschang-an in seine Hand zu bekommen, scheiterte im Jahre 883 und beging Selbstmord. Sein anfänglicher Erfolg wurde nicht zuletzt auf den Besitz eines Schwertes zurückgeführt, dem übernatürliche Kräfte innewohnten.

Auf dieses spielt Yän-tou an, als ihm der Mönch berichtet, er komme aus der Hauptstadt. Der mit dem Zen anscheinend wenig vertraute Ankömmling geht auf das Spiel ein, übertreibt es aber in plumper Weise, so daß Yän-tou in ein sarkastisches Lachen ausbricht.

Als der Mönch einige Zeit später zur Schneekuppe des Meisters Hsüä-fêng in der Südostprovinz Fukien aufsteigt und ihm von dem Wortwechsel mit Yän-tou berichtet, ist der impulsive Meister von der überheblichen Behandlung seines alten Freundes so betroffen, daß er dem Mönch dreißig Hiebe verabreicht und ihn davonjagt.

Siebenundsechzigstes Beispiel

Kaiser Wu von Liang verlangt eine Schriftlesung

[Ohne Hinweis]

Das Beispiel

Wir legen vor:

KAISER Wu von Liang forderte den Bodhisattva Fu auf, ihm das Diamantsûtra[1] vorzulesen.
Der Bodhisattva Fu nahm also auf seinem Sitze Platz. Dann tat er einen schwungvollen Hieb auf das Pult, vor dem er saß, und stieg von seinem Sitz wieder herab.
Der Kaiser Wu war vor Erstaunen sprachlos.
Der Edle [Bau] Dschï fragte den Kaiser: Majestät haben es doch wohl verstanden?
Der Kaiser erwiderte: Ich verstehe es nicht.
Der Edle Dschï sagte: Der Großmeister hat das Sûtra ganz zu Ende gelesen.

Gesang

NICHT lange war er eingekehrt
im Sâla-Zwillingshain;
Zog lieber durch das Reich der Liang,
durch Wolken Staubes hin.
Und wäre damals nicht der Greis,
der Edle Dschï, gewesen,
So hätte wieder einer schnell
das Land verlassen müssen.

[1] Diamantsûtra: Vajracchedikâ-prajnâ-pâramitâ-sûtra, das Sûtra von der diamantzerschlagenden, unermeßlichen Erkenntnis, eines der für den ostasiatischen Buddhismus grundlegenden Sûtren. Es wurde erstmalig durch Kumârajîva, den großen Missionar, zu Anfang des 5. Jahrhunderts ins Chinesische übersetzt.

Kaiser Wu-Di (reg. 502–549), Begründer der Liang-Dynastie, und sein geistlicher Berater Bau-dschï haben schon im ersten ›öffentlichen Aushang‹ eine tragende Rolle gespielt. (Siehe Band I, Seite 37ff.; zu Bau-dschï besonders Seite 52.) Auch Fu Hsi (497–569), genannt ›Bodhisattva Fu‹, gehörte zu jenen Männern, mit denen der Kaiser Fragen der Religion erörterte. (Band I, Seite 40.)
Auf dem Sung-schan, jenem Berg, auf dem Bodhidharma Jahre der Meditation zugebracht hatte, errichtete Fu seine Klause und nannte sie ›Zwillingshain‹, in Erinnerung an den Zwillingsbaum im Sâla-Hain, unter dem der Buddha gestorben und ins Nirvâna eingegangen war. Fu fühlte sich als Bodhisattva, das heißt als ein Heiliger, der auf die verdiente Seligkeit des endgültigen Erlöschens verzichtet, solange nicht alle Lebewesen erlöst sind. Der Ruhm seiner Lehrtätigkeit drang bis zum Kaiserhof, und Wu-Di berief den Bodhisattva in die Hauptstadt – das heutige Nanking –, wo er als Abt eines Klosters durch Auslegung der heiligen Schriften und Ausübung praktischer Nächstenliebe zu breiter Wirksamkeit und Anerkennung gelangte.
Es gehört zu den Pointen des Zen, wenn es sich eben eines solchen Schriftverkünders bedient, um eine Predigt ohne Worte zu demonstrieren. Erhöht wird die Pointe durch die Person des Kaisers: Von umfassender Bildung – die sich neben der konfuzianischen Philosophie auch auf Dichtung und Schriftkunst erstreckte – war Wu-Di vor allem als hochherziger Gönner der buddhistischen Kirche bekannt, ja war mehrmals während seiner langen Regierungszeit als einfacher Mönch ins Kloster eingetreten.
Wir dürfen vermuten, daß die vorliegende Anekdote zunächst in zustimmendem Sinn weitergegeben worden ist, als ein Beispiel nämlich für jene Lehre, die, »nicht aufgebaut auf Text und Zeichen«, unmittelbar von Herz zu Herzen wirkt.
Die beiden Anfangsverse des Gesangs machen indessen deutlich, daß Hsüä-dou – wie wir das wiederholt in seiner Exegese gefunden haben – den Gedankengang noch einmal zuspitzt und überbietet, so daß der Bodhisattva Fu nun als der Getadelte dasteht. Solchen Tadel erleichterte freilich sein etwas hoch gegriffener Beiname eines Bodhisattva; er soll sich gar als Maitreya, als künftiger Buddha, ausgegeben haben. Vielleicht empfand Hsüä-dou schon den schwungvollen Hieb auf das Pult als einen Verstoß gegen den Geist des Zen; auf jeden Fall aber war dies für ihn schon der Umstand, daß Bodhisattva Fu überhaupt von seinem Berge herabgestiegen und im Staub der Welt, weiteren Staub aufwirbelnd, tätig geworden war.
Vers 4, »So hätte wieder einer schnell das Land verlassen müssen«: wie seinerzeit Bodhidharma.

Achtundsechzigstes Beispiel

Yang-schan befragt San-schëng

Hinweis

Die Himmelsdecke des Atair's abzuheben, die Achse dieser Erde umzudrehen, der Tigerin ihr Junges wegzuschnappen, Drachen und Schlangen deutlich voneinander zu unterscheiden: zu Künsten dieser Art bedarf es freilich eines hellen, quicklebendigen Chinesen alten Schlags. Erst im Gespräch mit einem solchen kann es dahin kommen, daß Rede und Gegenrede klipp und klar einander folgen und des einen inneres Getriebe mit demjenigen des andern ungestört zusammenstimmt.
Besinnet euch einmal, welche unter den bisher genannten Meistern es wohl sind, auf welche diese unsere Beschreibung zutrifft!
Lasset mich ein Beispiel vorlegen!
Bitte, sehet her!

Das Beispiel

Yang-schan [Hui-dji] fragte San-schëng [Hui-jan]: Was ist denn dein Name?
San-schëng sagte: Hui-dji.
Yang-schan sagte: Hui-dji bin doch ich!
San-schëng sagte: Dann ist mein Name Hui-jan.
Yang-schan lachte mächtig: Hahaha!

Gesang

Dies zweifach Packen, zweifach Lösen
soll wahre Meister leiten:
Nur wer die letzte Kunst besitzt,
kann auf dem Tiger reiten.
Sein Lachen endete. Weiß nicht,
wo das geblieben ist.
Allein, es wird den Wind aufrühren,
den klagenden, durch fernste Zeiten.

Über den Sinn dieses Lachens sind lange Abhandlungen geschrieben worden. Vielleicht läßt es sich in Kürze so deuten: San-schëng macht sich ganz leer und nimmt mit dem Namen des andern auch dessen ganze Persönlichkeit in sich auf; sie bilden nun eine Einheit. Aber indem Yang-schan sagt: »Hui-dji bin doch ich!« und San-schëng seinen eigenen Namen Hui-jan nennt, werden die beiden wieder zwei getrennte Meister. Es ist dies ein wunderbares Beispiel der Einheit oder des Nichts auf der einen Seite, und der Vielfalt des Seins auf der anderen. Für beide ist Platz im Zen, und Yang-schan ist so entzückt, daß er in lautes Lachen ausbricht.

Mit dem spaßhaft-tiefsinnigen Namenstausch (dessen Witz durch die Ähnlichkeit der Namen natürlich verstärkt wird) praktizieren die beiden Akteure gleichzeitig einen Kunstgriff, der sie als Meister des Zen-Dialogs ausweist: das ›Packen‹ einerseits und das ›Lösen‹ andererseits. Anläßlich des 51. ›Beispiels‹, in den Erklärungen zu Yüan-wu's ›Hinweis‹, ist auf diese Methode der Seelenführung eingegangen worden. Die Anwendung der Methode durch *beide* Gesprächspartner, das ›beiderseitige‹ oder ›zweifache‹ Festhalten bzw. Loslassen, wurde schon im ›Hinweis‹ zum 66. ›Beispiel‹ gerühmt.

Wo haben wir im vorliegenden Fall das Packen bzw. das Lösen zu suchen? Yüan-wu sagt das in seiner ›Erläuterung des Beispiels‹. Leider haben die Texte an dieser Stelle zwei widersprüchliche Lesarten. Wir folgen einmal nicht der in Ostasien meist benutzten Version des Dschang We (mit Mannesnamen Dschang Ming-yüan), um 1302, sondern dem sog. Fukien-Text (jap.: Fuku-hon), der hier mit dem ›Text der einen Nacht‹ von 1227 übereinstimmt und dem auch Itô Yûten in seinem ›Endgültigen Text‹ von 1963 folgt.[1] Da heißt es:

»Wenn Yang-schan sagt: ›Was ist denn dein Name?‹ und [San-]Schëng sagt: ›Mein Name ist Hui-dji‹, so ist dies das [zweifache] Packen. Wenn Yang-schan sagt: ›Hui-dji bin doch ich!‹ und Schëng sagt: ›Dann ist mein Name Hui-jan‹, so ist dies das [zweifache] Lösen.«

Zum Verständnis von Beispiel und Gesang

Yang-schan Hui-dji (jap.: Kyô-zan E-jaku), 807–883, Trt III B 11e, ist uns schon als Hauptakteur des 34. ›Beispiels‹ begegnet. (Siehe Band II, Seite 25–44, besonders Seite 32ff.)

San-schëng Hui-jan (jap. San-shô E-nen), Trt III B 12c, war Mittelpunkt des 49. ›Beispiels‹. (Siehe Band II, Seite 301–317.)

In seiner ›Erläuterung des Beispiels‹ weist Yüan-wu auf den grundsätzlichen Unterschied zwischen dem ›mächtigen Lachen‹ des Yang-schan und dem des Yän-tou im 66. Beispiel hin: Während letzteres eine »giftige Medizin« enthalte, sei das Lachen Yang-schan's wie ein reiner, in Ewigkeit Kühle spendender Wind.

[1] Zu diesen Versionen s. Bd. I, S. 9 u. 25, sowie Bd. II, S. 15f.

Zur Übertragung des Bi-yän-lu ins Deutsche

Der Umstand, daß die Herausgeber dieser Zen-Enzyklopädie mich als Übersetzer des Bi-yän-lu um einen Beitrag gebeten haben, versetzt mich in eine gewisse Verlegenheit. Ich habe mich nun viele Jahre lang fast ausschließlich mit diesem wunderbaren Buch beschäftigt; es hat mir viel gegeben und mich innerlich bereichert. Aber noch heute kann ich nicht behaupten, in Fragen des Zen ein Sachverständiger zu sein. Es fehlt mir dazu gerade die wichtigste Voraussetzung: die Übung im Zazen und ein daraus hervorgegangenes Erlebnis des Satori.[1] Ich habe auch keinen Meister, keinen Rôshi gehabt, der mich eingeleitet, beraten und zuletzt bestätigt hätte. Ich habe lediglich nach vierzig Jahren des intimen Umgangs mit dem japanischen Volk und eingehender Beschäftigung mit seiner Sprache, Kultur und Religion (1906–1946) den Entschluß gefaßt, den Rest meines Lebens dem Bi-yän-lu zu widmen, weil es offenkundig die klassische Urkunde der ersten lebendigen Zen-Bewegung in Ostasien darstellt und weil es merkwürdigerweise, von Bruchstücken abgesehen, noch niemals vollständig übersetzt worden war, während sonst die meisten grundlegenden Werke des Buddhismus längst den ›Sacred Books of the East‹ einverleibt worden waren.
So habe ich mich bemüht, zu dem mir schon bekannten japanischen ›Kan-bun‹[2] hin noch ein wenig Chinesisch zu lernen; denn die Meister des Bi-yän-lu waren nun einmal Chinesen, und ihnen sind wir es schuldig, ihre Namen, soweit es unser Mund vermag, chinesisch auszusprechen. Dann bestellte ich von Japan den großen Kommentar ›Hekiganroku Dai-kôza‹ von Katô Totsudô, welcher mir durch sein Buch ›Daijô Bukkyô Hyakuwa‹ (›Hundert Reden über Mahâyâna‹) schon seit etwa 1908 bekannt war, und arbeitete mich mit seiner guten Hilfe ganz langsam in ein ›Beispiel‹ (dsö) um das andere hinein. Einige Jahre später kam der greise Suzuki Daisetsu nach Deutschland. Ich begleitete ihn auf seiner Reise und sah zu, wie er im Zug ein altes Exemplar des Bi-yän-lu las. Als ich in Stuttgart, meiner Heimatstadt, mich von ihm trennte, da ließ er beide Bände des chinesischen Buchs mit seiner eigenen Widmung in meinen Händen. Seitdem ist mir dieses Bi-yän-lu ein Vermächtnis, das mir viel bedeutet hat. Ich nahm es als Ermutigung, die begonnene Arbeit fortzusetzen.
Diese aber ging sehr langsam vorwärts. Zwischen ›übersetzen‹ und ›übersetzen‹ ist ein großer Unterschied. Ich kann für jedes chinesische Zeichen ein deutsches Wort hinsetzen. Die ›Übersetzung‹ aber, welche so entsteht, ist für einen deutschen Leser ohne jeden Sinn und völlig nutzlos. Ich muß vielmehr, wenn ich das Bi-yän-lu vor mir habe, über zwei, drei Zeichen so lange brüten, bis mir klar wird, was dieser Yüan-wu oder dieser Hsüä-dou statt seines Chinesischen sagen müßte, wenn

[1] Zazen: in Versenkung stillesitzen; Satori: die (spontane) Erleuchtung.
[2] Die Methode, chinesische Texte in japanischer Sprache zu lesen.

er Deutscher wäre. Zu diesem Zweck muß ich mich in jenen Yüan-wu oder Hsüä-dou und in die ganze Situation des Augenblicks genau hineinversetzen, und das erfordert eine gründliche Versenkung, die Tage oder Wochen dauern kann. Daneben muß der ganze Reichtum deutscher Rede mir frei zu Gebote stehen, ein Reichtum, wie er durch kein noch so gutes Wörterbuch erschöpft wird. So gelingt dann vielleicht eine Übersetzung, welche sich verantworten läßt. Es kann aber auch sein, daß mir nach einem Monat oder gar nach einem Jahr noch eine bessere Fassung einfällt.

Wir Europäer haben es in dieser Hinsicht nicht so leicht wie die Japaner. In Japan benützt man dieselbe Zeichenschrift wie in China, kann also chinesische Redensarten, die besonders treffend und eindrücklich erscheinen, einfach wörtlich übernehmen (so wie wir es mit lateinischen halten), ohne sie in echtes Japanisch zu übertragen. Wenn der Meister einen Schüler fragt: wie meinst du das? und ihn dabei mit seinem Blick bis in den Grund hinein durchbohrt, so ist das kein alltägliches ›wie?‹; es erschüttert den ganzen Menschen. Darum liest man im japanischen Zen die Schriftzeichen für ein solches ›wie?‹ chinesisch, nicht japanisch, liest ›so-mo-san‹ nicht einfach ›dô desu?‹.

Ein deutscher oder englischer Übersetzer kann sich das nicht leisten. Er muß ein Zeichen um das andere in seine eigene Sprache übertragen und dabei genau den logischen Zusammenhang zwischen einer Kette von Zeichen beachten. Das eigentümliche Verhältnis zwischen chinesischem Text und japanischer Lesung berührt ihn nicht. Was mich betrifft, so konnte ich in den Text des Bi-yän-lu allerdings zunächst nur mit Hilfe der japanischen Lesung eindringen und zwar einfach deshalb, weil ich beim Beginn der Arbeit nur Japanisch konnte, nicht Chinesisch. Aber je weiter ich vorankam, um so klarer wurde mir, daß die japanische Art und Weise, den chinesischen Text zu lesen, dem Verständnis eher hinderlich als fördernd ist. Die Schuld daran trägt, wie ich glaube, der japanische Satzbau, weil er die entscheidende Aussage (das Prädikat), sei sie nun positiv oder negativ oder gar nur eine Frage, stets an das letzte Ende stellt. Ein japanischer Satz kann sich deshalb nicht allzusehr in die Länge dehnen. Im chinesischen Satz ist (wie auch in den indogermanischen Sprachen) die Wortfolge umgekehrt: das Prädikat geht den von ihm abhängigen Satzteilen voraus. Die Folge ist, daß der Gedankengang eines chinesischen Satzes sich weiter in die Länge ziehen kann, als die japanische Syntax es erlaubt. Diese letztere zwingt an manchen Stellen des chinesischen Satzes zu Zäsuren, zu Satzabschlüssen, wo solche im Chinesischen fehlen.

Diese Schwierigkeit hat mich dazu geführt, mich von dem unnatürlichen Zwang ›japanischer Lesung‹ mit ihrer komplizierten Umstellung der Wortfolge zu befreien und zum sogenannten ›bô-yomi‹ überzugehen, d. h. den chinesischen Text chinesisch zu lesen. Da auch der deutsche Satzbau dem chinesischen im allgemeinen ähnlich ist, war mir der Übergang zu dieser einfacheren Art des Lesens eine wesentliche Erleichterung.

Der eigentliche Grund für die Schwierigkeit der Übersetzung des Bi-yän-lu liegt freilich nicht im Sprachlichen allein, sondern in dem geistigen Gehalt des Zen und in der durchaus eigenartigen Redeweise seiner Meister. Wie konnte ich als Außenstehender es wagen, dieses durch und durch buddhistische Buch für Deutsche und Deutschlesende zu übersetzen und noch dazu Erklärungen aus eigenem Verständnis anzufügen? Und wie ist es möglich, daß dieser mein Versuch, anstatt von solchen, die im Zen erfahren und zu Hause sind, einfach abgelehnt zu werden, im Gegenteil beachtet, ja in gewissem Sinne sogar anerkannt worden ist? Das kann nicht nur mein Verdienst sein. Es muß allgemeinere und tiefere Gründe haben.

Das, was ich an innerem Verständnis an das schwierige Buch heranbrachte, war ja letzten Endes nicht buddhistisch, sondern stammte aus dem geistigen Erbe meiner eigenen Herkunft, aus dem Christentum. Ich bin von christlich-frommen Eltern geboren, habe als Knabe noch meinen Großvater erlebt, der als Missionar von 1836 bis 1859 in der indischen Landschaft Malabar das Evangelium von Jesus Christus bezeugt und bis an sein Lebensende an der Übersetzung der Bibel in die dortige Landessprache (Malayâlam) gearbeitet hat. Er hat mit mir, noch ehe ich im Gymnasium griechischen Unterricht erhielt, das griechische Neue Testament gelesen (Ev. Johannes 1,1: En archê ên ho logos...), und dieses Buch ist mir bis heute bei der Hand geblieben. Auch einen Sanskritvers aus dem Rig-Veda hat er mich nachsprechen lassen und damit mir den Keim zu meiner Zuneigung für Indien und den Fernen Osten früh ins Herz gelegt.

Allerdings hat sich im Lauf der Jahre und Jahrzehnte meine christliche Überzeugung mannigfach gewandelt, ja sie schien zu manchen Zeiten wie zerbrochen. Sie mußte sich in vielen Punkten von dem überkommenen Dogma lösen, und die Befreiung sah, vom früheren Standort her, fast wie ein Abfall aus. Am Ende aber hat mich dieser krumme Weg dazu geführt, das unergründliche Geheimnis Gottes, von dem die Bibel redet, in einem neuen Licht zu sehen. Und eben dieses Licht hat mir auch für das unergründliche Geheimnis des Buddhismus und speziell des Zen die Augen geöffnet. Es besteht zwischen Zen und Christentum in wesentlichen Punkten eine ganz reale Übereinstimmung, und nur dieser habe ich es zu verdanken, daß die Übersetzung des Bi-yän-lu mir überhaupt bis zu einem gewissen Grad gelingen konnte. Auf einige Punkte dieser Übereinstimmung möchte ich im folgenden hinweisen.

Wann und wo immer von Gott die Rede ist, muß man doch stets wiederholen, daß man eigentlich von ›Ihm‹ nicht, wie von irgendeinem Gegenstande, reden kann. Reden kann von ihm nur einer, der von ihm ergriffen ist und es deshalb nicht lassen kann. Und wenn ›Die Heilige Schrift‹ des Alten und des Neuen Testaments von diesem Gegenstande

Gott so unablässig redet, dann nur, weil sie von gotterfüllten Menschen, die dazu berufen waren, geschrieben worden ist. Aber schon unter den Zehn Geboten des Alten Testaments befindet sich die strenge Warnung: »Du sollst den Namen des Herrn, deines Gottes, nicht mißbrauchen«.
Nun beachte man die Heftigkeit, mit welcher in den Beispielen des Bi-yän-lu alles hohle Reden von dem geistigen Gehalt des Zen abgewiesen wird. »Hat mit der Sache nichts zu tun«, sagt Yüan-wu und droht denen, die mit Ja oder Nein antworten wollen, mit dem Stock. Dö-schan Hsüan-djiän ist als Stockschwinger sprichwörtlich geworden, und Lin-dji I-hsüan erschreckte seine Schüler mit dem Scheltruf Ho'![1] Bodhidharma selbst erwiderte auf des Kaisers Frage nach dem »höchsten Sinn der Heiligen Wahrheit«: »Offene Weite – nichts von heilig«.[2] Ihm war das salbungsvolle Reden dieses Kaisers von der ›Heiligen Wahrheit‹ widerlich. Daß man aber auch im Zen für das Heilige ein echtes Gefühl hat, das geht aus allen Zeugnissen des Bi-yän-lu klar hervor. Nur hebt sich für das Zen nicht dieses oder jenes Ding, nicht dieser oder jener Mensch als besonders ›heilig‹ von andern Dingen oder Menschen ab; vielmehr ist das ›leere‹ Selbst das einzig ›Heilige‹, nur daß in der Gestaltlosigkeit des Leeren auch das Prädikat der Heiligkeit verschwindet.
In der nach dem Propheten Jesaja benannten Schrift des Alten Testaments enthält der letzte Teil (Kapitel 40ff.) Reden des Trostes für das in der Verbannung lebende jüdische Volk. Dort finden sich in Kapitel 57, Vers 15, folgende denkwürdige Worte, welche Gott durch seinen Propheten an das Volk richtet: »Ich, der ich in der Höhe und im Heiligtum wohne und bei denen, die zerschlagenen und demütigen Geistes sind, ich will den Geist der Gedemütigten und das Herz der Zerschlagenen erquicken.« Der Ton dieser Worte ist gewiß ein völlig anderer als derjenige, den wir von den Zen-Meistern des Bi-yän-lu vernehmen. Aber was sind darin die wesentlichen Punkte? Erstens: daß Gott »in der Höhe und im Heiligtum« wohnt. In die ›Höhe‹ weist auch der Verfasser des Bi-yän-lu, Yüan-wu Ko-tjin, unablässig. Die ›Richtung in die Höhe‹ heißt hier hsiang-schang und steht der ›Richtung abwärts‹ (hsiang-hsia) gegenüber. Nach meinem Verständnis der alten Meister ist dieser Aufstieg nicht in schräger Richtung zu verstehen, etwa wie eine Treppe oder eine Leiter hinaufsteigt, sondern in senkrechter Richtung. Denn der Geist braucht keine Leiter, sondern strebt direkt nach oben. Ich habe deshalb für diese Richtung nicht einfach das gewöhnliche Wort ›aufwärts‹ gewählt, sondern das seltenere ›überwärts‹. So sagt z. B. der schlichte, aber hochgebildete Mystiker Gerhard Tersteegen (1697–1769) in dem bedeutendsten und beliebtesten seiner gottinnigen Lieder, das mit den Worten »Gott ist gegenwärtig« beginnt, im vorletzten Vers: »Laß' mein Herz / überwärts / wie ein Adler schweben / und in dir nur

[1] Vgl. Band I, S. 125 und S. 215, Anm. 4.
[2] Band I, S. 37ff.

leben!« Hier handelt es sich nicht um einen allmählichen Aufstieg wie auf einer Treppe, sondern um eine unmittelbare Erhebung des Herzens in die Höhe, und zwar deshalb, weil zu dieser Höhe überhaupt keine Stufen hinaufführen, weil sie vielmehr stets entweder sofort erreichbar ist oder gar nicht. Es ist mir wohl bewußt, daß man den Gegensatz von ›hsiang-schang‹ und ›hsiang-hsia‹ auch in anderem Sinne auffaßt, nämlich als stufenmäßiges Auf und Ab, als Fortschritt und Rückschritt in der Erkenntnis und in der Zen-Übung. Aber diese Auffassung ist eine solche zweiten oder dritten Ranges. Denn auch im Zen handelt es sich letzten Endes nicht um graduelle, sondern um absolute Unterschiede.

Die Radikalität des Gegensatzes zwischen ›oben‹ und ›unten‹ wird noch deutlicher, wenn wir uns der Gegenseite in dem Ausspruch bei Jesaja 57 zuwenden. Hier ist gesagt, daß derselbe Gott, der »in der Höhe und im Heiligtum« wohnt, zugleich noch einen anderen Wohnsitz hat. Und wo ist dieser? Nicht bei den Hohen, Mächtigen und Reichen dieser Welt, sondern ganz im Gegenteil »bei denen, die zerschlagenen und demütigen Geistes sind«. Gottes Geist und Sinn reicht also aus der unfaßbaren Höhe der Unendlichkeit direkt herunter in die Niederung menschlichen Alltags, ja bis in die tiefste, trübste, nämlich zu solchen, deren Geist zerschlagen und auf diesem Wege demütig geworden ist. Zwar klingen diese Worte mehr nach Shinran Shônin und dem Ruf »Namu Amida Butsu«[1], als gerade nach Zen. Dennoch geht es auch den Meistern des Bi-yän-lu zu allererst einmal darum, Geist und Herz der Schüler, die zu ihnen kommen, gründlich zu zerschlagen. Dö-schan Hsüan-djiän's Stock und Lin-dji I-hsüan's »Ho'!« haben beide eben dies zum Ziel. Man lese nach, was Yüan-wu Ko-tjin in der Erläuterung zu seinem 38. Beispiel von dem Werdegang des hochgemuten Meisters Fëng-hsüä Yän-dschau erzählt[2]. Dieser spielt auf seiner Wanderung von einem Zen-Kloster zum anderen fortgesetzt den Geisteshelden, der über alles Irdische hoch erhaben ist, bis er schließlich auch zu Nan-yüan kommt, der ihn über sein Woher und Wohin ausfragt. Dem erzählt er nun von einem früheren Aufenthalt im Hirschtor-Kloster, wo ein Aufwärter namens Guo ihn ständig belehrt habe, im Zen handele es sich einfach darum, stets »den Herrn zu spielen« (also: immer die Oberhand zu behalten). In Nanyüan aber fand der aufgeblähte Schwarmgeist seinen Meister. Der schlug ihn mit dem Stock, jagte ihn zum Zimmer hinaus, und die Folge war, daß der junge Fëng-hsüä sich geschlagen gab und, anstatt fortzugehen, nun erst recht bei Nan-yüan blieb, um ihm zunächst in aller Bescheidenheit als einfacher Gärtner zu dienen.

[1] Shinran (1173–1262) ist der Begründer einer der größten Sekten des Amida-Buddhismus (oder Sekte ›Reinen Landes‹), in Japan. – »Namu Amida Butsu«: »Verehrung dem Buddha Amitâbha«, die stehende Gebetsformel jener Sekte.

[2] Siehe Band II, S. 107.

Das paßt genau zu dem Wort im 1. Petrusbrief des Neuen Testaments (Kapitel 5, Vers 5): »Gott widersteht den Hoffärtigen, aber den Demütigen gibt er Gnade.« Ein wunderbares Beispiel solcher Demut gibt der greise Dschau-dschou im 2. Beispiel des Bi-yän-lu, wenn er seinen Hörern die wolkenlose Klarheit rühmt, von welcher der Dritte Patriarch in seiner ›Meißelschrift des Glaubens an den Geist‹ gesagt hat:

Der höchste WEG ist gar nicht schwer,
Nur abhold wählerischer Wahl.
Da, wo man nicht mehr haßt und liebt,
Ist Klarheit, offen, wolkenlos.[1]

Auch Dschau-dschou rühmt sie, aber weiß zugleich, wie leicht der Mensch sich selber dieser Klarheit rühmen kann. Darum stellt er sich in schlapper Haltung vor die Schüler und sagt ruhig: »Der alte Mönch hier steht nicht in der wolkenlosen Klarheit«. Und eben, weil er so in echter Demut ohne Selbstruhm dasteht, kann er das begnadete Vorbild sein, das Hsüä-dou in seiner Gung-an-Sammlung, dem Bi-yän-lu, gleich auf Bodhidharma folgen läßt.

Geradezu erstaunlich ist das 50. Beispiel, mit welchem Hsüä-dou die erste Hälfte seiner Sammlung abschließt[2]. Hier gibt sein Lieblingsmeister Yün-mën Wën-yän (864–949) einem Besucher auf die Frage nach dem Sinn des ›Staub-und-Staub-Samâdhi‹ die erquickende Antwort: »Im Napfe Reis, im Eimer Wasser«. Yüan-wu nennt sie einen Ausspruch, der »Nägel zerbricht und Eisen zerschmettert« und meint damit offensichtlich die bis dahin unbestrittene Autorität des Avatamsaka-Sutra bzw. die der Hua-yän- (japanisch: Kegon-)Schule, welche dieses Sutra als die höchste Lehrnorm des Buddha betrachtet.

Der ›Staub-und-Staub-Samâdhi‹ ist in der Hua-yän-Schule eine wichtige und komplizierte Übung zur Verdeutlichung der absoluten Nichtigkeit und Leerheit alles sogenannten Seienden. Der Übende versenkt sich zunächst »in die 7^7- oder 823543fache Verkleinerung des denkbar kleinsten unsichtbaren Teilchens des winzigsten Stäubchens, welches er vor sich hat«. Daraufhin wandert er in Gedanken zu der nächsten Verkleinerung desselben Grades und fährt so fort, bis er die ganze ihm bekannte Welt und obendrein noch die Millionen unbekannter Welten alle als die Ansammlung von ungezählten Nichtigkeiten eingesehen hat. Also ein echt indischer phantastischer Samâdhi, unendlich minuziös und ebenso unendlich grandios. Nur, daß er den Betrachtenden nicht weiter führt als bis zu seinem Ausgangspunkt: von Staub zu Staub und wieder Staub. In die echte Leerheit, in die ›offene Weite‹ Bodhidharma's führt er nicht hinauf. Der ›Staub-und-Staub-Samâdhi‹ ist ein Trugschluß, und irgendwie hat ein Gefühl davon den realistischen Chinesen, der zu Yün-mën

[1] Siehe Band I, S. 61ff.

[2] Siehe Band II, S. 319ff.

kommt, gestört und ihm die Frage ausgepreßt: »Was ist es um den Staub-und-Staub-Samâdhi?«

Yün-mën aber, weit entfernt, ihn auf den Weg der Hua-yän-Lehre zurückzuweisen, bestätigt nicht nur die Bedenken seines Gastes, sondern wendet sie ins Positive und Konkrete: Dieser schwierige Samâdhi läuft für dich auf weiter nichts hinaus, als daß du in deinem Napfe Reis zum essen haben mußt und in deinem Eimer Wasser, um den Reis zu kochen und Tee dazu zu trinken.

Diese Antwort paßt genau zu Yün-mën, wie wir ihn aus allen sonstigen Berichten kennen. Immer da, wo andere versuchten, das Geheimnis innerster Erkenntnis zu entschleiern, trat er mit dem Rufe »Guan« dazwischen: hier liegt, meint er, eine ›Grenzsperre‹, die mit Worten nicht zu überschreiten ist.

Und Hsüä-dou, der die Anekdote hier als ›öffentlichen Aushang‹ vorlegt, kann die Zurückhaltung, mit welcher Yün-mën sich auf das ›ungeborene Dingliche‹ beschränkt, nur nachdrücklich bekräftigen. Der ›Staub-und-Staub-Samâdhi‹, wie die Hua-yän-Schule ihn betreibt, ist im Grund ein eitles Wortemachen. Vor Yün-mën's »Reis im Napf, im Eimer Wasser«, sagt er, »bleibt den Herren Wortemachern das Wort im Schnabel stecken«.

Für die Zurückhaltung, die Yün-mën hier dem Frager gegenüber übt, hat Hsüä-dou einen tieferen Grund bereits in einem früheren Beispiel angedeutet[1]. In Kapitel 42 berichtet er zunächst von dem Privatstudierten Pang, wie dieser nach einem Besuch bei Yau-schan We-yän, von zehn Zen-Gästen des Meisters bis ans Hoftor begleitet, in ein Schneegestöber gerät und nun die anmutige Bemerkung fallen läßt: »Schön, wie alle die zerstreuten Flocken doch nicht auf getrennte Orte fallen!«

Er ist erfüllt von dem Gefühl der absoluten Einheit und Gleichheit aller Dinge. Ihm hält der Zen-Gast Tjüan den Gegenpol der Einheitsschau entgegen mit den Worten: »Wo fallen sie denn hin?« Er hat bei Yauschan bereits soviel gelernt, um zu wissen, daß man auch die Dinglichkeit und ihre Unterschiede anerkennen muß. Aber er lebt noch zu sehr in der reinen Theorie; seine Worte verraten eine Lust zum Streit. Der Privatstudierte Pang kann das nicht ertragen, gibt dem Zen-Gast einen Backenstreich, und das Ende des Gespräches befriedigt weder ihn noch seine Gegner. Hsüä-dou kann die Anekdote so, wie sie erzählt ist, nicht als Gung-an gebrauchen. Darum fügt er selbst an die Geschichte eine eigene Bemerkung an, und erst durch diese lohnt es sich, das Begebnis in die Sammlung aufzunehmen. Er macht den Vorschlag: »Gleich am Ort der ersten Frage einfach eine Handvoll Schnee geballt und ihn damit geworfen.«

Hsüä-dou selbst legt auf dieses Schlußwort so viel Gewicht, daß er es auch seinem Gesang zugrunde legt: »Träf' er ihn mit einem Schneeball!

[1] Siehe Band II, S. 173ff.

Träf' er ihn mit einem Schneeball!« Und dann berührt er in den folgenden Versen das eigentliche Geheimnis der im Zen gewonnenen Erkenntnis und macht deutlich, warum man über dieses mit Worten überhaupt nicht reden kann.

Nun hat sich über diesen Vorschlag Hsüä-dou's eine Diskussion entwickelt, die mich nötigt, auf dessen Meinung näher einzugehen. Die Kontroverse hat ihren Grund darin, daß in den Worten Hsüä-dou's zwar die Aufforderung genannt ist, Schnee zu ballen und zu werfen, nicht aber, *wer* den Schnee ballen und *auf wen* der Schneeball geworfen werden soll.

Nach meiner Überzeugung ist der Grund für diese Unterlassung einfach der, daß Hsüä-dou es für überflüssig hält, Subjekt und Objekt des Wurfes ausdrücklich zu nennen. Ihm ist es selbstverständlich, daß der Schneeball den Privatstudierten Pang treffen muß und nicht etwa den Zen-Gast Tjüan. Ebenso selbstverständlich ist das auch für Yüan-wu. Und in diesem Sinne wird der Vorschlag Hsüä-dou's auch in allen Zen-Schulen verstanden.

Aber heute, wo auch Fernerstehende dieses alte Buch lesen, treten Kritiker auf, welche meinen, daß man Hsüä-dou's Vorschlag auch anders verstehen könne. In Japan hat der Sinologe Inoue Shûten in seinem Werk ›Hekigan-roku Shin-kôwa‹ die Behauptung aufgestellt, der Schneeballwurf, den Hsüä-dou vorschlägt, müsse den Zen-Gast Tjüan treffen, nicht den Privatstudierten Pang. Und mir selbst ist es begegnet, daß ein Leser meiner Übersetzung von Kapitel 42 mir entgegenhielt, es wäre doch viel passender, wenn der Privatstudierte Pang den Schneeball auf den Zen-Gast Tjüan würfe und wenn sich daraus zum Vergnügen beider Parteien eine muntere Schneeballschlacht entwickeln würde.

Ich halte es deshalb für notwendig, auf die philologischen Fragen, welche den Vorschlag Hsüä-dou's betreffen, sorgfältiger einzugehen, als es sonst in Erklärungen des Bi-yän-lu üblich ist.

Die Schwierigkeit liegt bei den Worten »am Ort der ersten Frage«. Denn man kann behaupten, der Privatstudierte Pang habe überhaupt keine Frage gestellt, sondern nur eine Bemerkung fallen lassen. Die ›erste Frage‹ sei die des Zen-Gastes Tjüan: »Wo fallen sie denn hin?« Also müsse der Privatstudierte Pang dem Zen-Gast Tjüan den Schneeball ins Gesicht werfen. Und wer es so auffaßt, wird erklären, so sei es auch richtig; denn der Zen-Gast Tjüan habe mit seiner Frechheit diese kräftige Antwort verdient! Und, wird er fortfahren, gegen den Privatstudierten Pang und seine Bemerkung über die fallenden Schneeflocken sei doch gar nichts einzuwenden! Habe er nicht recht, wenn er sich für den herrlichen Anblick des weiten Schneefeldes und dessen unbefleckte Reinheit begeistert?

Es wäre deshalb zu wünschen, daß künftige Erklärer des Bi-yän-lu sich in diesem und in ähnlichen Fällen mehr, als es bisher geschehen ist, auch mit philologischen Fragen beschäftigen, und zwar dies auf Grund einer genaueren Kenntnis der chinesischen Umgangssprache der Tang- und der Sung-Zeit.

Im Fall des 42. Beispiels wäre zu klären, ob man die erste Bemerkung des Privatstudierten Pang auch ›die erste Frage‹ nennen kann; entweder, weil sie im fragenden Sinn ausgesprochen ist, oder einfach deshalb, weil sie in der Absicht gesprochen ist, einen Dialog zu eröffnen.

Wenn keiner dieser beiden Versuche gelingen sollte, d. h. wenn die ›erste Frage‹ nur die Frage des Zen-Gastes Tjüan bedeuten kann, dann wäre zu überlegen, ob das Wort tschu, ›Ort‹, vielleicht auch in der Bedeutung ›an Stelle‹ (der ersten Frage) verstanden werden kann: Der Zen-Gast Tjüan hätte dann ›*an Stelle seiner Frage*‹ einen Schneeball auf den Privatstudierten Pang werfen sollen.

Wenn die Bemerkung des Privatstudierten Pang weder als Frage gedeutet werden, noch tschu den Sinn von ›an Stelle‹ haben kann, dann müßten wir allerdings feststellen, daß der Text des Beispiels *unklar* und vielleicht durch nachlässige Abschreiber verdorben worden ist. Aber *auf keinen Fall* können wir zugeben, daß der Schneeball den Zen-Gast Tjüan treffen soll. Denn dagegen spricht allzu deutlich der Gesang des Hsüä-dou. Dieser selbst hat an die von ihm ausgewählte Anekdote seinen Vorschlag eines Schneeballwurfes angefügt und in seinem Gesang eben diesen Vorschlag bewußt in den Vordergrund gerückt, hat ihn damit als den Hauptpunkt aufgewiesen, durch den die ganze Anekdote überhaupt erst bedeutsam wird und in seiner Sammlung als ›öffentlicher Aushang‹ dienen kann.

Um die Bemerkung des Privatstudierten Pang in ihrer Bedeutung richtig zu verstehen, muß man die Anschauungen beachten, welche schon in Indien bei den Vorgängern Bodhidharma's eine Rolle spielten. In den Sutren, welche von der höchsten, vollkommenen Erkenntnis handeln (Prajnâ-pâramitâ), ist wiederholt die Rede von dem unbegreiflichen Geheimnis des gegensätzlichen und doch identischen Verhältnisses zwischen der allgemeinen Gleichheit und Identität des Buddha's mit jedem ganz gewöhnlichen Menschen und dabei doch des gewaltigen Unterschiedes zwischen beiden. Mit seiner Bemerkung »schön, wie alle die zerstreuten Flocken doch nicht auf getrennte Orte fallen« hat also der Privatstudierte ein Thema berührt, über welches schon im indischen Mahâyâna sehr viel nachgedacht und gesprochen worden ist. Darnach sind also wir gemeine Menschen mit dem Buddha selbst im Grunde gleich, und zwischen ihm und uns besteht kein Unterschied. So heißt es schon in einem dieser Sutren: »Gemein und heilig ist sich durchweg gleich, es besteht zwischen beiden kein Unterschied«.

Sehr wahrscheinlich hatte der Privatstudierte Pang, als er bemerkte: »nicht auf getrennte Orte fallen«, diese Worte des Sutra's im Sinn. Ihn erfüllte beim Anblick des reinen Schneefeldes ein seliges Gefühl der Einheit mit dem Buddha. Und der Zen-Gast Tjüan hatte bei seinem Meister Yau-schan offenbar im Zen-Dialog eine gute Übung erlangt und sah

hier die Gelegenheit gekommen, seine Kunst zu zeigen. Seine Gegenfrage »wo fallen sie denn hin?« entspricht durchaus dem Stil dieser Sitte und ist obendrein völlig berechtigt. Wenn der Privatstudierte Pang sich darüber ärgert und dem Zen-Gast Tjüan nacheinander zwei Backenstreiche versetzt, so zeigt dies, daß er eben ein Privatstudierter war und vom Geist des Zen nur die eine Hälfte begriffen hatte. Der Zen-Gast Tjüan hatte selbstverständlich alles Recht, sich über diese Behandlung zu beschweren. So lief das Zwiegespräch in einem unerfreulichen Streit aus, und in dieser Form war die Begebenheit für Hsüä-dou als ›öffentlicher Aushang‹ oder Beispiel ungeeignet. Hsüä-dou aber, als er diese Anekdote las, verfiel auf eine eigene Idee, durch welche er die Anekdote doch als Gung-an verwenden konnte. Er fragte sich: Wie hätte der Zen-Gast Tjüan vorgehen müssen, um den Privatstudierten Pang daran zu erinnern, daß auch diese reine Schneefläche trotz ihrer schönen Gleichheit und wunderbaren ›Ätherreine‹ doch zu gleicher Zeit dem unverbrüchlichen Gesetz der Unterscheidung unterworfen ist. Und es durchzuckte ihn der geniale Gedanke: zu dieser Überzeugung könnte ich den Privatstudierten Pang nicht durch irgendwelche Worte führen, wohl aber durch die Sache selbst, um welche hier gestritten wird, nämlich durch den Schnee: »Träf' er ihn mit einem Schneeball! Träf' er ihn mit einem Schneeball!« Dann könnte der Getroffene den Wurf nur durch einen Gegenwurf erwidern. Er wird dies aber gar nicht tun; denn im selben Augenblick würde er einsehen müssen, daß auch der Schnee, wie alle anderen Dinglichkeiten, teilbar ist und jedes seiner Teilchen seinen eigenen, besonderen Ort hat. Vielleicht kann es geschehen, daß ihn diese Einsicht stört, daß er nun umgekehrt an der gegensätzlichen Wahrheit der allgemeinen Gleichheit zu zweifeln beginnt. Nun wohl, dann wird er wieder auf den Arzneienberg steigen, und Meister We-yän wird ihm helfen und ihm raten, bis ihm in einer Nacht, ohne daß er selbst es merkt, »das, was er hat, in Aug' und Ohr, zergeht in Ätherreine«.
Auf jeden Fall haben wir Späteren allen Anlaß, Hsüä-dou, dem Dichter dieses 42. Gesanges, dankbar zu sein. Er hat mit seinen Worten klarer als wohl sonst ein anderer ausgesprochen, um was es sich im Zen des Patriarchen Bodhidharma wirklich handelt. Hier fragt man nicht mehr nach dieser oder jener Glaubensüberzeugung, nicht mehr nach dieser oder jener Lehre, auch nicht nach dieser oder jener körperlichen Leistung beim Stillesitzen in Versenkung, sondern, wenn man so sagen darf, nach der Quintessenz, dem Destillat aus alledem, um das eigentliche Wesen: die ›äthergleiche Reinheit‹ oder ›Ätherreine‹. Ein Christ könnte dabei auch an die uns so werte Himmelsbläue denken; aber Bläue ist noch immer Farbe, ist noch gebrochenes Licht. Ungebrochenes, reines Licht ist nur die ›Ätherreine‹. Deutlicher als damit läßt sich nicht bezeichnen, worauf das ganze Buddhatum hinausstrebt. Es will frei und rein sein von dem Staub der Dinglichkeiten, von dem Haften an den Dingen, an Bedürfnissen, Begierden, an dem Irrwahn, der uns blendet,

an dem Zorn, der uns betört. Daher das große Nein, mit dem der Buddha dieser Welt und ihrer Lust den Abschied gibt. Daher auch der Negativismus, mit welchem die buddhistische Philosophie dem, was wir ›seiend‹ nennen, das eigentliche Sein und Wesen abspricht, das Wu (›ohne‹) in den Begriffen wu-schï, ›aller Dinge ledig‹, wu-wo, ›ohne Ich‹, wu-hsin, ›ohne Absicht‹.

Dieses große Nein trägt jeder in sich, der die Wahrheit kennt und liebt, und dem daran gelegen ist, sein eigenes wahres Wesen zu gewinnen. Er lebt in stetem Kampfe mit sich selbst und mit den Versuchungen der Umwelt.

Dabei kann er trotz allem nicht an der Tatsache vorbeigehen, daß diese Welt, ja daß auch er selbst nun einmal da ist, so, wie es die alltägliche Erfahrung zeigt. Er darf sich diesem Zustand nicht gewaltsam widersetzen. Er muß ihn gelten lassen und sich ihm geduldig fügen. Sein Trost dabei ist, daß im letzten Grunde alle diese Dinglichkeiten keine volle Gültigkeit besitzen. Sie sind ›nicht zum eigentlichen Sein gelangt‹, sind ›ungeboren‹, haben also nur vorübergehende Bedeutung. Aber weil wir vor ihnen nicht ausweichen können, so sollen wir eben Geduld mit ihnen haben, sollen ja zu ihnen sagen und sie als das nehmen, was sie sind: momentane Hindernisse auf dem Wege, die wir annehmen und mit denen wir fertig werden müssen. Dieses ›geduldige Ja zu den ungeborenen Dinglichkeiten‹ (anutpattika-dharma-kshânti), ist für den Nachfolger des Buddha der Weg, auf dem er mit der Welt, welche er doch meiden will, aus welcher er entfliehen möchte, auf seine eigene Art Frieden schließt. Er liebt sie nicht, aber er trägt sie mit Geduld.

Für uns Europäer ist es lehrreich, den engen Zusammenhang zu beachten, welcher hier zwischen den Begriffen der Reinheit und der Leere steht. Äthergleiche Reinheit kann nur da sein, wo alles völlig leer ist. Leere ist die Ursache der Reinheit, Reinheit ist die Frucht der Leere. In Europa ist man stets geneigt, die buddhistische ›Leere‹ als etwas Wertloses, ja Sinnloses aufzufassen. Als Ursache der Reinheit aber ist die Leere im Gegenteil ein höchster Wert. Nur gesteht hier Hsüä-dou selber ein, daß wir Menschen in bewußtem Zustand niemals völlig leer sind, sondern stets mit irgendeinem Gegenstand beschäftigt. Und darum kann er sagen: niemand könne bei vollem Bewußtsein es erleben, daß alles, was er in sich hat, »in Ätherreine vergehe«.

Dies ist in der Tat ein sehr kühnes Eingeständnis. Denn wenn das entscheidende Erlebnis, auf welches sich das Buddhatum gründet, dem hellen menschlichen Bewußtsein, also der menschlichen Vernunft, überhaupt nicht zugänglich sein soll, wie ist es dann möglich, irgendeinen Menschen von der Wahrheit des Buddhismus zu überzeugen? Stellt Hsüä-dou seinem eigenen Glauben hier nicht ein sehr schwaches Zeugnis aus?

Nach unserer Überzeugung ist gerade Hsüä-dou's bescheidene Zurückhaltung das stärkste Zeugnis für die tiefe Wahrheit seines Glaubens. Ihm ist es wirklich um das Höchste, Reinste, alles Überragende zu tun. Und er hat zu jedem Menschen das Zutrauen, daß auch er im tiefsten Grunde seines Herzens nicht mit Verstandesgründen überwunden werden will, sondern mit einer Kraft, die alles, was kommen mag, für Nichts achtet, mit einer Fülle, welche aus dem leeren Selbst unmittelbar hervorbricht. Es ist das Geheimnis, das der große Dichter China's Su Dung-po (1036 bis 1101) mit den Worten ausspricht:

Aus dem Nichts, dem Leeren,
quillt Fülle, nie erschöpft.
Da sind Blumen, da der Mond,
da dein Turmaltan.

Wir stehen hier an einem zentralen, wesentlichen Punkte, in welchem sich der Buddhismus und das Christentum aufs innigste berühren und in welchem sich zugleich auch ein bemerkenswerter Unterschied des Christentums gegenüber dem Buddhismus zeigt. Es handelt sich hier nicht um nebensächliche Fragen, sondern um die letzten, tiefsten Grundlagen menschlichen Empfindens und Verhaltens.

Reinheit des Herzens und Gemütes ist in der Tat die Grundbedingung dafür, daß ein Mensch mit gutem Mut und ohne Furcht jeden neuen Tag beginnen und bis zum Schluß durchleben kann. In diesem Sinne ist auch das Wort Jesu im Anfang seiner Bergpredigt zu verstehen: »Selig sind, die reinen Herzens sind; denn sie werden Gott schauen« (Ev. Matthäus 5, 8). Diese Worte passen ganz zu Hsüä-dou's Bild der Reinheit. Im Vergleich mit manchen christlichen Vorstellungen von ›Gottes Himmel‹ ist Hsüä-dou's Ausdruck echter und strenger. Ich erwähnte schon, daß ein Kind sich Gott in der Bläue des Himmels vorstellen kann. Auch die Beschreibung des Himmels Gottes im Bilde eines ›himmlischen Jerusalem‹ in der ›Offenbarung des Johannes‹, Kapitel 21, kann einem nüchternen Betrachter als zu bunt erscheinen. Es sind allerdings Bilder einer vom Gefühl der Ewigkeit verzückten Phantasie. Aber wenn Johannes nun den Glanz beschreibt, der von dieser ›Stadt Gottes‹ ausstrahlt, so beschreibt er ihn nicht durch irgendeine Farbe, sondern einfach als ein reines Leuchten. In der Offenbarung des Johannes, Kapitel 21, Vers 11, heißt es: »und ihr Licht war gleich dem alleredelsten Stein, einem hellen Jaspis«. Das ist genau dasselbe, wie wenn Hsüä-dou sagt: »Was er hat in Aug' und Ohr, zergeht in Ätherreine«.

Bei den zwei Versen Hsüä-dou's ist es für das Empfinden eines Christen ein klein wenig unbefriedigend, daß Hsüä-dou's großes Wort »zergeht in Ätherreine« mit einer leichten Enttäuschung verbunden ist: »Kein Himmlischer, kein Erdenmensch ist selber sich bewußt«. Diese wunderbare Schau vollzieht sich also, wenn man sie ganz streng nimmt, nie bei wachem Bewußtsein, sondern in der Tiefe des Unbewußten. Sobald ich erwache, »zergeht die Ätherreine«, und ich habe in mir selbst und um mich her nichts als Staub und immer wieder Staub. Da ich diesem

Staube nicht entrinnen kann, hat es keinen Wert, mich darüber zu beklagen. Es ist nur vernünftig, daß ich mich mit diesem Staub abfinde; er ist nun einmal da. Die indischen Philosophen haben sich eine Erklärung dieses störenden Elementes ausgedacht: sie nennen es ›ungeborene Dinglichkeiten‹ und reden deshalb von dem ›geduldigen Ja zur ungeborenen Dinglichkeit‹. Was dieses ›ungeboren‹ eigentlich bedeuten soll, ist zwar sehr schwer zu verstehen. Aber jedenfalls ist die Geduld, mit der wir diesen Staub bejahen, die beste Lösung aller Schwierigkeiten, die das Leben mit sich bringt. Wir nehmen das irdische Leben geduldig hin und üben uns dabei in der Versenkung (Zen), um allem Staub zum Trotz in der Ätherreinheit unserer Buddhaschaft bewahrt zu bleiben.

Als ich oben schrieb, die ›bescheidene Zurückhaltung‹, mit welcher Hsüä-dou trotz der Unbewußtheit des Erlebnisses der Ätherreinheit doch an dieser festhält, sei das stärkste Zeugnis für die tiefe Wahrheit seines Glaubens, ging mir heimlich der Gedanke durch den Kopf: ein Tropfen Ewigkeit wiegt mehr als tausend Welten. Und bei weiterem Nachdenken fiel mir plötzlich ein, daß ja auch wir Christen einen Begriff haben, der zwar anders klingt als ›leer‹, sich aber immerhin mit dem ›Leeren‹ vergleichen läßt, nämlich eben den Begriff ›ewig‹, griechisch: aiônios, lateinisch: aeternus, englisch: eternal. Es ist deshalb nach meiner Ansicht zum Verständnis des Verhältnisses zwischen Buddhismus und Christentum sehr aufschlußreich, diese beiden Begriffe sorgfältig miteinander zu vergleichen.

Der Ausdruck ›leer‹ (kung, japanisch kû, sanskrit: shûnya) ist von der Anschauung des *Raumes* hergenommen. Man stellt sich einen Raum vor, in welchem nichts darin ist, und der auch keine Wände hat, welche ihn von anderen Räumen trennen würden. Der Ausdruck ›leer‹ geht also zwar von der uns Menschen angeborenen Kategorie des Raumes aus, aber er übersteigt (transzendiert) diese Anschauung; denn ein absolut leerer Raum ist überhaupt kein Raum mehr. Er ist ›Nichts‹, aber die Vorstellung dieses ›Nichts‹ gibt uns das beseligende Gefühl der ›offenen Weite‹, wie Bodhidharma es dem Kaiser Wu-Di von Liang beschrieb.

Der Ausdruck ›ewig‹, ›aiônios‹, ›aeternus‹ ist parallel zu ›leer‹ der Anschauungsform der *Zeit* entnommen. Auch er übersteigt letzten Endes die Kategorie der Zeit, aber er bleibt in vielen Fällen noch in der Zeitanschauung hängen. Denn die Ausdrücke, von welchen die erwähnten Adjektive abgeleitet sind, nämlich êwe, aiôn, aevum bedeuten alle einen unbestimmt langen Zeitraum. Man spricht auch im Plural von ›Äonen‹ der Vergangenheit und ›Äonen‹ der Zukunft. Der Ausdruck ›ewig‹ wird also hier in relativem Sinn verstanden, nicht absolut. Als Attribut *Gottes* dagegen ist ›ewig‹, ›aiônios‹, ›aeternus‹ durchweg in absolutem Sinne zu verstehen. Gott ist jenseits aller Zeit und allen Raums, er umschließt beide als der Erste und der Letzte, er ist ewig und allgegenwärtig, dem Verstande unbegreiflich; er ist selbst die Quelle allen Lebens.

›Leer‹ ist also ein Begriff, in dem das *Negative* überwiegt, aber eben durch die Negation des Vergänglichen, der Dinglichkeiten, hat er befreiende Bedeutung. ›Ewig‹ ist umgekehrt zunächst ein positiver Begriff. Er bejaht Gott als Quelle allen Lebens und als einzige Zuflucht sterblicher Menschen. Aber auch er hat seine negative Seite. Er stellt dem Ewigen das Zeitliche als Gegensatz gegenüber. »Was sichtbar ist, das ist zeitlich, was aber unsichtbar ist, das ist ewig« (2. Kor. 4,18).

Der Gedanke der Ewigkeit spielt deshalb im Leben ernster Christen eine wichtige Rolle. In vielen Fällen ist er eng verbunden mit dem Gedanken an den Tod. Der Tod ist für den Christen der Eintritt in den Himmel Gottes, in die Ewigkeit. In vielen Liedern sprechen christliche Dichter ihre Sehnsucht nach dem Tode aus. Sie fühlen sich in dieser Welt als Fremdlinge (vgl. das Lied »Ich bin ein Gast auf Erden und hab' hier keinen Stand«). Sie sehnen sich nach ihrer wahren Heimat in Gottes Ewigkeit. Anstatt ›sterben‹ sagen sie ›heimgehen‹.

Eine Stufe höher als die Sehnsucht nach dem ›Heimgang‹ steht das Bestreben, schon hier, während des Aufenthaltes in der Zeit, doch zugleich in der Ewigkeit zu leben. In einem schönen Lied des 19. Jahrhunderts sagt eine fromme Dichterin:

Ewigkeit,
in die Zeit
leuchte hell herein,
daß uns werde klein das Kleine,
und das Große groß erscheine!
Selige Ewigkeit, selige Ewigkeit.

Mit dem Begriffe ›Zeit‹ ganz nahe verwandt ist der Begriff der ›Welt‹, wie ihn besonders das Evangelium des Johannes gebraucht. »Habt nicht lieb die Welt, noch was in der Welt ist (nämlich die Begierde). Denn die Welt vergeht mit ihrer Lust; wer aber den Willen Gottes tut, der bleibt in Ewigkeit« (1. Joh. 2, 15.17).

Bis zu diesem Punkt der Weltverneinung ist es verhältnismäßig leicht, zwischen dem Buddhismus und dem Christentum Parallelen zu ziehen. Störend für den Buddhisten ist nur der christliche Gottesbegriff. Was das ethische Verhalten betrifft, so verfolgen beide Religionen ungefähr die gleiche Richtung.

Anders aber verhält es sich mit der christlichen *Weltbejahung*. Sie ist deutlich von anderer Art als die buddhistische. Das ›geduldige Ja zur ungeborenen Dinglichkeit‹ ist gewiß eine gute Sache. Aber es trägt den Charakter der Resignation: diese Welt ist nun einmal, wie sie ist; wir können sie nicht lieben; es bleibt nichts anderes übrig, als uns ihr anzupassen.

Das, was das Evangelium Jesu zu diesem Punkte sagt, hat einen anderen Klang. Es scheint wie krasser Widerspruch zu jener Warnung: »Habt

nicht lieb die Welt!« Es lautet: eben dieser Welt wendet Gott seine *Liebe* zu. Um sie zu retten, hat Gott diesen Jesus in die Welt gesandt, hat ihn am Kreuz als Opfer sterben lassen und aus dem Tod zu sich genommen. Denn Gottes Wille ist, daß »alle, die an ihn glauben, nicht verloren werden, sondern das ewige Leben haben« (Ev. Johannes 3,15).
Seitdem die Evangelien des Neuen Testaments geschrieben worden sind, sind nun bald zweitausend Jahre vergangen. In dieser Zeit haben sich unsere Anschauungen von Himmel und Erde und von den Gesetzen der Natur so grundlegend gewandelt, daß es uns nicht mehr möglich ist, die Berichte jener Evangelien buchstäblich für wahr zu halten. Sie reden von Erlebnissen, welche die Jünger Jesu in einer Form gesehen haben, die uns heute nicht mehr möglich ist, in der Form einer leiblichen Auferstehung aus dem Grabe und eines Aufstiegs von der Erde in den Himmel. Aber eben die Tatsache, daß jene Jünger meinten, den auferstandenen Jesus mit ihren Augen zum Himmel aufsteigen zu sehen, beweist den tiefen, unverlöschlichen Eindruck, den sie von der Persönlichkeit und dem Auftreten dieses Einzigartigen unter den Menschen bekommen hatten.
An Stelle des ›geduldigen Ja zur ungeborenen Dinglichkeit‹ steht also für den Christen etwas anderes: Gottes Liebe zu den Menschen dieser Welt, und dies trotz seiner Warnung: »Habt nicht lieb die Welt«. Allerdings hat auch der Buddhismus für diesen Widerspruch eine Parallele: es ist der Entschluß des Shâkyamuni Buddha, nach dem langen Aufenthalt in der Bergeseinsamkeit und nach dem Durchbruch zur großen Erleuchtung, den Einflüsterungen des Versuchers zum Trotz, wieder in die Welt zurückzukehren, um ihr sein Heil zu bringen. Das Motiv zu diesem Entschluß ist nichts anderes als das ›Erbarmen‹ des Buddha, und ebenso ist es Erbarmen, wenn ein Zen-Meister sich seiner Schüler annimmt, sie belehrt und sie im Notfall mit dem Stock schlägt oder schilt. Auch wir Christen sprechen viel von Gottes Gnade und ›Barmherzigkeit‹. Aber Gottes ›*Liebe*‹ (griechisch: agapê) ist noch mehr. Sie bedarf, um zu entstehen, nicht des Anblicks einer Not. Sie steht von vornherein für jeden Menschen bereit, wie die Liebe eines Vaters zu seinen Kindern. In dem griechischen Wort agapê liegt nicht in erster Linie das Gefühl des Mitleids, sondern das der freien Zuneigung, Achtung und Hilfsbereitschaft.
Jesus selbst ist für seine Gläubigen die sichtbare Verkörperung der ewigen Liebe Gottes. Wenn seine Jünger in den ›Evangelien‹, den Frohen Botschaften des Neuen Testaments, von seinen Taten reden und zuletzt von seinem Tod am Kreuz, seiner Auferstehung und Rückkehr in den Himmel berichten, so verstehen sie das alles als eine einzige große Offenbarung der Tatsache, daß Gott die Welt von Anfang an geliebt hat, daß also Gott selbst die Liebe ist.
Für den, der diesen Gott der Liebe glaubt, ist es selbstverständlich, diese Liebe zu erwidern. »Lasset uns Gott lieben, denn Er hat uns zuerst ge-

liebt« (1. Johannes 4, 19). Schon Jesus selbst hat dies ganz deutlich ausgesprochen. Und er hat daraus die Folgerung gezogen: wenn Gott uns Menschen alle liebt, dann gibt es für uns keinen anderen Weg, als daß auch wir unsere Nebenmenschen lieben. Diese Liebe sollen wir ganz praktisch im täglichen Verkehr mit unseren Nächsten in die Tat umsetzen. Die Liebe ist die positive Erfüllung aller negativen Verbote, welche die Religionen der Welt aufgestellt haben.
Auch in den Briefen des Neuen Testamentes steht die Verkündigung der Liebe im Mittelpunkt, besonders deutlich in den Briefen des Johannes und des Paulus. Johannes sagt ganz klar: »Gott ist die Liebe, und wer in der Liebe bleibt, der bleibt in Gott und Gott in ihm«. (1. Joh. 4, 16) Mehr noch als Johannes denkt Paulus den seelischen Zusammenhängen nach. Im 1. Brief an die Korinther, Kapitel 13, stellt er den Kern des Christentums heraus im Gegensatz zu weniger wichtigen Leistungen wie Almosengeben, Wunder, Weissagung, ekstatische Reden u. ä. Alles dies sind gewiß gute Dinge, aber *ohne Liebe* haben sie keinen Wert. Grundlegend notwendig, sagt er, sind »Glaube, Liebe und Hoffnung, diese drei. Aber die Liebe ist die größte unter ihnen«.
Glaube und Liebe gehören zusammen; sie bedingen sich gegenseitig. Aber warum nennt Paulus neben diesen beiden auch die Hoffnung (griechisch: elpis, lateinisch: spes)? Weil sie die Brücke bildet von der Zeit zur Ewigkeit. Jesus und die Seinen lebten in der Hoffnung auf ein ewiges Leben nach dem Untergang von Welt und Zeit, und zwar in ganz naher Zukunft, noch zu Lebzeiten ihrer Zeitgenossen. Die Erwartung einer Wiederkehr des Christus war bei den Christen der ersten fünfzig bis hundert Jahre aufs äußerste gespannt; sie ist auch in der Folgezeit noch manchmal neu erwacht. Heutzutage bedeutet sie die ständige Zuversicht, daß ihnen Gott durch Christus nahe ist und einmal aller Not und allem Elend ein Ende machen wird.
Gibt es auch für diese ›Hoffnung‹ im Buddhismus eine Parallele? Man hört davon im allgemeinen wenig, und das Wort wang, japanisch nozomi, klingt im Vergleich zu dem christlichen Wort Hoffnung matt. Aber was bedeutet denn der Glaube an den Zukunftsbuddha anderes als Hoffnung? Und sein Name, was bedeutet er? Mi-lo heißt auf indisch Maitreya. Dieses Wort ist abgeleitet von Maitri, dieses wiederum von Mitra, Freund. Maitri ist die Liebe, die der Freund zum Freunde hat. Das ist, wie agapê (Liebe), etwas mehr als nur Erbarmen. Liegt in der Erwartung des Maitreya nicht das Eingeständnis, daß es sogar über Shâkyamuni Buddha noch einen Fortschritt geben kann? Kann man nicht vielleicht behaupten, Maitreya Bodhisattva stehe Jesus Christus näher als Shâkyamuni Buddha?
Wie dem nun sei, auf jeden Fall bestehen zwischen Buddhismus und Christentum bei aller inneren Verwandtschaft immer noch gewisse feine Unterschiede. Und daß diese heute schon verschwinden dürften, ist schwerlich zu erwarten. Es ist im Gegenteil nur gut, wenn beide

Seiten darin wetteifern, das ihnen anvertraute Gut ernst und treu zu pflegen.
Aber seit hundert Jahren ist die Bewohnerschaft dieses Erdballs in einem Maße zusammengewachsen, wie es sich noch die Älteren unter uns überhaupt nicht vorgestellt haben. Der Austausch zwischen Ost und West ist heute in vollem Gang, und das nicht nur auf dem Gebiet des Handels und der Technik. Die Erfahrung zeigt, daß durch ernste Beschäftigung mit Zen auch Christen ihren Glauben und ihre Liebe nur befestigen und vertiefen können.
Umgekehrt wird es den Zen-Buddhisten sicherlich nichts schaden, wenn sie sich besinnen, ob nicht von der Liebe, welche sich in Jesus Christus verkörpert hat, auch für sie noch etwas zu lernen ist. Die Menschheit hat, vorausgesetzt, daß sie durch ihre eigene Schuld nicht plötzlich untergeht, noch einen weiten Weg vor sich. Man kann nicht wissen, ob nicht noch einmal in der Zukunft ein völlig neuer Mythos aufkommt, welcher erzählt, der Buddha und der Christus hätten sich zu einer und derselben geistigen Person vereint, um in dem Herzen jedes Menschen, der sich dieser höchsten denkbaren Potenz erschließt, zu wohnen.

Die Bananenstaude

Das Nô-Spiel »Bashô« von Konparu Zenchiku

So ergreifet ohne Säumnis
Heilig öffentlich Geheimnis!
Goethe

PERSONEN

Gegenspieler (Waki):	ein in den Bergen hausender Mönch
Hauptspieler (Shite):	im ersten Teil eine Frau, im zweiten Teil der Geist einer Bananenstaude
Ort der Handlung:	China
Jahreszeit:	Herbst

ERSTER TEIL

Mönch

Ich bin ein Mönch und hause an dem sogenannten Kleinbach zwischen den Grenzbergen des Landes So in China. Da ich denn mein Leben nach dem Sutra vom Gesetzeslotos führe, so lese ich in Ehrfurcht diese heilige Schrift bei Tag und Nacht, am Morgen wie am Abend. Jetzt zumal, so mitten im Herbste, da lasse ich die ganze Mondnacht lang nicht ab. Doch hier begibt sich etwas Wunderbares. Obschon in diesem Bergwald außer mir sonst keine Seele wohnt, so läßt sich gleichwohl Nacht für Nacht, gerade wenn ich an der Sutralesung bin, nah meiner Klause hier ein menschliches Geräusch vernehmen. Ich denke, wenn es heute abend wiederkommt, so will ich einmal fragen, wer und was es sei.

Schon ist die Abendsonne westlich weggerückt,
Des Bergtals Schatten stehen schaurig kühl,
Der Vögel schwacher Ruf erstirbt unheimlich.

Abend – auch den Himmel hüllt
    Duftiger Schleier.
Willig lassen sich vom Mond
    Bergschatten schieben.

Einsam, wie's geschrieben steht,
    Am Reisigpförtchen
Halte ich dies heilge Buch,
    Lese und lese.

Frau

vom Mönch noch nicht bemerkt

Auf die Banane fällt's her
    Wie Kiefernrauschen:
Die Wehrlose, weh, der Wind
    Wird sie noch knicken.

»Wind stößt an zerschlißnes Fenster:
    Leicht erlischt das Licht.
Mondschein dringt durch Daches Ritzen:
    Schwer gelingt der Traum«.

Sollte die Herbstnacht hindurch
An solcher Stätte
In schauriger Einsamkeit
Zwischen den Bergen
Jemand weilen? Und wer?
Wir wissen gar nichts,
Treiben, Tau der verdunstet,
Traurigem Ende zu.

Ach, an niemand sonst gewohnt
Als rohe Wäldler,
Nichts zur Freund- und Gemeinschaft
Wie Felsen, Bäume.

Aber unsichtbar
In tieferen Farben blüht
Die ewge Wahrheit.
Wer davon nicht angefärbt,
Wie fiele dem bei,
Dem Freund in des Gewandes
Brokatnen Aufsatz,
Ins Kleid ihm die köstliche
Perle zu knüpfen?

Meines Grasgewands Ärmel
Feuchtet Tränentau.
Wechselvoll, aber flüchtig
Dreht sich der Jahre
Unaufhörlicher Kreislauf –
Schaum überm Wasser!
Ach, die einst ich erlebte,
Sind hin, die Herbste!

Mönch

Wahrhaftig! wie ich hier die Sutrenschrift beharrlich rezitiere, kaum noch imstande, Traum von Wirklichkeit zu scheiden, erscheint im Mondlicht mir ein weiblich Wesen. Sag an, wer bist du und was führt dich her?

Frau

Ich bin nur eine Frau hier aus der Gegend, die sich freut, das heilige Gesetz, dem man so schwer begegnet, zu vernehmen. Ich habe Blumen mitgebracht, um Dank zu opfern, und suche an die Heilsgemeinde Anschluß.

Doch halt! wenn er meine Gestalt nun erkennte! –
Nein, weg mit der Scheu, jetzt jetzt sei sie gewagt,
Die Rede, die Bitte: von Riedgras die Hütte,
Die laßt mich ein Weilchen nur, flüchtig wie Tau,
Betreten, dem Buddhagesetz zuliebe,
Daß Anschluß ich finde! o lasset mich ein!

Mönch

Gewiß, gewiß, es ist um diesen Anschluß ans Gesetz in Wahrheit eine wunderbare Sache:

Doch dem steht entgegen,
Der Regel zuwider,
Weiblichen Wesens Stand:
Wie dürfte ich wohl solchem Unterkunft gewähren!

Frau

Gewiß, mir ist gar wohl begreiflich,
Wie Ihr es meinet, doch bedenkt:
Ich bin hier keine Fremde.
Mir so gut wie Euch
Steht die Behausung hier
An diesem Kleinbach.

Mönch

»Gemeinsames Schöpfen schon
    Am selben Flusse
Ist dunkel-vorzeitlicher
    Verbindung Folge« –

Frau

So »*eines* Baums Beschattung« –

Mönch

In die Klause der Eintritt –

Frau

Nicht sei er verwehrt!
Auch dem Mond gönnt der Dachtau
Flüchtigen Aufenthalt,
Gönnt uns allen die Erde
Flüchtigen Aufenthalt.

Sie tritt näher

Unters Dach durch die Hecke:
Altes Heiligtum.

»Der Kummer heil: so alt die Felsenklause!
Die Seele wund: so tief gehts in die Berge«.

Auch des Mondes Umriß
Kühl und schauervoll.
Wer hat es doch gesagt?
»An des Kaisers Hof zur Blütenzeit
Schirmt brokatner Baldachin,
Auf dem Luschan in der Regennacht
Eine Hütte nur von Gras«. –
Daran erinnert es.

Mönch

Da es dir denn mit deinem Vorhaben also ernst ist, so tritt zur heiligen Sutrenlesung ins Gemach herein.

Frau

Wohlan, so will ich das Gemach betreten. ... O welche Gnade: Wenn ich diese heilige Schrift richtig vernehme, gibt es auch für ein Weib wie mich, ja für empfindungsloses Gras und Bäume eine Hoffnung.

Mönch

Da hast du wahrlich gut und richtig zugehört. Denn da es heißt: »Wer gläubigen Sinns nur einen Augenblick das Wort mit Freuden aufnimmt ...«, so ist daran für gar kein Wesen, und sei's empfindungsloses Gras und Bäume, auch im geringsten nur zu zweifeln.

Frau

O Dank so ganz besonderer Gnade! Ich bitte Euch, Ihr wollet in der Lehre, wie Gras und Bäume Buddha werden, mich noch genauer unterweisen.

Mönch

Ein Kapitel ist geoffenbart: das Arzneipflanzengleichnis.
Darnach gilt auch von Gras und Baum, vom Landesboden,
Von Wesen mit Empfindung und empfindungslosen,
Das Wort von aller Dinge wesenhafter Form.

Frau

Sturm auf Bergeshöh',

Mönch

Wasserrauschen im Tale:

Beide

Alles ist Sutralesung. –
In Tempelbrunnens Grunde,
Im Herzensgrund zur Stunde
Wird es still und klar.

Chor

»Die Feuerstätte
Im Rücken, und zugewandt
Dem Monde oben,
Beide von Rührung erfaßt
In tiefer Nachtzeit«,
Deren Sinn mit Verständnis
Der Mann des Gesetzes
So, wie die Lehre will, deutet:
Daß keiner säume,
Auch wo Liebe ihn festhält,
Aus brennendem Hause zu fliehen –
So sei es zu halten.

Und weiter:
Auch unser Wissen davon,
Daß die Weidenbäume grün,
Die Blumen purpurrot sind,
Kann nur bedeuten,
Daß alles Land
Samt Gras und Bäumen
In Duft und Farben
Buddha wird,
Kann nur bedeuten
Des Landes Buddhawerdung.

Wunderbar, seh ich doch nur
Ein einfältiges
Weibliches Wesen vor mir!
Woher kommt ihr das,
Der Lehre Zusammenhang
Wie weiße Fäden
Zu entwirren, woher ihr
Solche Erkenntnis?

Frau

Allerdings, ja, ja!
Was ist hier noch zu zweifeln!
Hellte sich mir nicht
Spätmondbeschienener Nacht
Letzte Finsternis,
Wie möchte ich den Gewinn
Des wahren Gesetzes,
Dem keiner so leicht begegnet,
Jetzt mir erhoffen?

Chor

Wahrlich, schwer zu begegnendem
Gesetz begegnen,
Den schwer zu erlangenden
Stand eines Menschen...

Frau
schrickt zusammen

Den Menschenstand, glaubt Ihr wohl
Hätte ich erlangt!

Chor

Siehe, sie schämt sich!
    Geht ihres Weges.
Hell ist ihr Pfad erleuchtet
    Vom klaren Mondlicht.
Ihre Gestalt aber wird
Zum täuschenden Trugbild,
Eben als wäre sie
Dort die Banane
Draußen im Schnee
Vor dem Garten.
    Und er sinnt, wie sie wäre,
Könnte in Wirklichkeit
Er sie schauen. –
    Da tönt die Glocke:
»Alles Geschehen schwindet«
Und damit schwand sie.

ZWEITER TEIL

Mönch

Erstaunliches ist mir begegnet: jenes Trugbild der Bananenstaude dort im Schnee, wie ich vermeinte, ist zweifelsohne die Banane selbst, die mir in Weibsgestalt erschienen ist.

Ein Wunder des Gesetzes
    Hat sich begeben.
Je mehr ich sinne, je mehr
    Rückt die Nacht voran.
Weihevoll liegt im Mondlicht
    Der Sutragarten.
Wind weht – auch die Banane
    Wird er besuchen.

Geist

in Frauengestalt tritt auf, vom Mönch noch unbemerkt

Da, ein heiliges Schaudern:
Hier geht es zum Hof hinein!
O Dank der Gnade:
Wunderbaren Gesetzes
Heilige Lehre,
Kaum je zu begegnende
Feigenbaumblüte,
Hab ich harrend gefunden,
Die Blattbanane,
Vom Regen des Gesetzes
Mit des Erbarmens
Reichem Tau überschüttet,
Meine Gestalt hier,
In menschlichem Gewande,
Schaut sie euch an!

Doch bin ich gleichwohl
Auch in dieser Verkleidung
Die blütenlose

Chor

Banane, die mit dem Tau
Der sie netzt, schwindet.

Geist

Hier geht es zum Hof!
Berggestalten nur ringsum.

Mönch

Ich liege schlaflos.
Mir zum Kissen erheben
Sich Kiefernwurzeln.
Also, siehe, erhebt sich
Eine Gestalt mit den Zügen
Jenes weiblichen Wesens,
Das ich vordem sah.
Gleichviel, ich frage: wer seid Ihr?
Was für ein Menschenwesen?

Geist

Ach nein, nicht Menschenwesen!
    Ihr beschämet mich!
Bin nur empfindungslosen
    Wesens Erscheinung,
Bin ein Bananengewächs
    In Frauengestalt.

Mönch

Unerhört! die Banane
Sollte als Frau erscheinen?
Welches ist die Beziehung,
Wonach Euch solchergestalt
Leib und Stand eines Weibes
Zuteil geworden?

Geist

Wenn Ihr darob so staunet,
Seid Ihr fälschlich berichtet.
Was denn wäre fest bestimmt!
Auch der ehernen

Mönch

Erde samt Gras und Bäumen,
Während vom Himmel herab

Geist

Regen und Tau sie segnen,
Allen den Wesen,

Mönch

Die ihrer selbst nicht bewußt,
Sei's mit, sei's ohne Gefühl,

Geist

Allen wächst ohne Zutun
Wesensgemäße Gestalt –

Mönch

So auch einfältigen

Geist

Weibes Gestalt mir.

Chor

Denn Unbestand ist
Schon der schwachen
Banane Wesen.
Ihr seidenes Frauengewand
Trägt matte Farbe –
Zwar nicht von unechtem Färbstoff –
Doch der zerschlissenen Ärmel
Muß sie sich schämen.

Wisset, daß empfindungslose
Gräser, Bäume nichts in Wahrheit
Andres sind als merkmallosen
Wahren Wesens Leibgestalt.
Dem Sinn, der im winzgen Stäubchen
Das ganze heilge All erschaut,
Zeigt es sich in jeder Form:
In Regen, Tau, Reif, Schnee.

Geist

Wenn aber nun, zum Opfergruß,
Ein Blütenzweig erwächst,

Chor

Das heilige Gesetz sich
In Farben kundtut,
So bricht mit *einer* Blüte
Der ganze Frühling auf.
Unter sonnigem Himmel
Schlagen alle aus,
Weide, Pflaumen-, Pfirsichbaum,
Je nach ihrer Art,

Geist

Tauchen ein in Farbenduft,
So das Menschenherz.

Chor

Und doch kann nichts sie scheiden,
Vom einen Wesenskern.

»Der Balkon nahe beim Wasser
Empfängt vor andern das Mondlicht,
Der Blütenbaum, nach Süden gewandt,
Begegnet zuerst dem Frühling«.
Solches Gesetz bewährt sich
Auf manche Weise,
Nun aber vor unsern Augen,
Ein schönes Erlebnis!

Wenn nach dem Frühling
Der Sommer hoch stand,
Und vom nahenden Herbst nun
Des Windes Botschaft
Erst durch die Seidengräser
Im Garten raschelt,
Merkst du: das ist seine Art.
Siehe da, der Herbst.

Von Stande ein Grasgewächs
        Bei altem Tempeldach,
Geduldig wie Tüpfelfarn,
        Aber von jeher
Blütenlos, losen Windes
        Bloßem Rauschen schon
        Weichend, wie der Tau
Der sie netzt, die Banane,
        Flüchtigen Wesens,
Wird doch, selbst wenn im Herbste
Die Luft erzittert
Vom Zirpen der Heimchen unten
        Unterm Beifußkraut,
Unten im Seelengrunde
        Nie sich wandeln.

Geist

Das Leben freilich vergeht –
Wer's nur bedächte!

Chor

Einer Blattbanane
Flüchtiger Daseinstraum:
　　Darin vernimmst du der Hirsche
Männliches Röhren.
Aber keinen erschüttert's:
So ist das Menschenherz.
　　Berge wohl gäb' es genug
Zu stiller Besinnung:
Aber nur der Mond allein
Geht dahin mit,
　　Wo der Freund ihm, der Herbst, wohnt,
Wo Winde rauschen
Früh und spät über dichte
Bambusgrasheide,
　　Wo mich Erinnerung aufjagt,
Die wehenden Ärmel
Wohlan! im Tanz eine Weile
Rückwärts zu schwenken.

Geist

Diese Nacht scheint auch der Mond
　　in dem blanken Weiß

Chor

Meines Kleids aus Eis und Schnee,
Meines Gewands aus Reif.

Der Geist führt seinen feierlichen Tanz auf, der den eigentlichen Mittelpunkt des Spiels bildet.

Geist

　　Aus Reif die Kette,
Der Schuß aus Tau – solch Gewebe
　　Gibt nur schwachen Halt.

Chor

Doch gelten die fasrigen

Geist

Grasärmel mir gleich

Chor

Wie der ewig festem
Himmel entstiegenen
Jungfrau Federgewandung.

Geist

Auch die Blattbanane
Schwenkt gefiederte Ärmel.

Chor

Und die sind im Schwingen ihr
So gut wie Fächer zum Tanze,
  Wo Wind aus Weltenräumen
Im schaurig alten
Tempelgarten nun
Um dünnes Röhricht,
Um Herbstbaldrian und
Grannengräser streicht:
  Hinschwindet ihre Gestalt
Wie Tau so flüchtig.
  Und jäh vom Berg her
Braust es durch Kieferkronen,
Fegt alles nieder,
Fegt alles nieder,
Die Blüten, die Gräser all
Zerflattern, zerweh'n.

Und wie zerflattert, zerweht sind
Die Blüten, die Gräser all,
Da liegt auch die Blattbanane
Zerknickt am Boden.

Die japanische Bananenstaude, Bashô genannt (Musa Basjoo Sieb.), gedeiht in allen wärmeren Gegenden Japans wie in den entsprechenden Chinas fast ohne Pflege, erweckt aber mit ihrem durchaus tropischen Aussehen doch den Eindruck eines Fremdlings aus dem Süden, der sich in dieser rauheren Umgebung nicht recht wohl fühlt. Sie setzt zwar Blüten an, aber ihre Früchte reifen nicht aus, und die im Sommer noch prachtvollen Riesenblätter bieten im Herbst, vom Winde zerfetzt und zerfiedert, ein klägliches Bild. Bald stirbt der oberirdische Stamm ab, bis im Frühjahr der im Boden kriechende Wurzelstock neu zu treiben beginnt. So ist die Bananenstaude besonders dazu angetan, Mitleid zu erwecken und das Gefühl der Vergänglichkeit des Irdischen zu bestärken.

Nô-Spiel – vgl. hiezu K. Florenz: Geschichte der japanischen Literatur (Leipzig 1909), S. 370ff.; W. Gundert: Die japanische Literatur (Wildpark-Potsdam 1929), S. 93ff.: A. Waley: The Nô Plays of Japan (London 1921); Beatrice Lane Suzuki: Nôgaku, Japanese Nô Plays (London 1932); N. Péri: Études sur le drame lyrique japonais (Bulletin de l'École Française d'Extrême-Orient, Bd. 9, Hanoi 1909). – Ein Blick in eines dieser Bücher wird dem Leser zeigen, wie gleichförmig die Nô-Dramen in ihrem Aufbau und in ihrer Aufführung sind, aber auch wie ungemein vielseitig in künstlerischer Hinsicht. In den folgenden Erläuterungen mußte auf diese Vielseitigkeit verzichtet werden, sie beschränken sich durchaus auf Verdeutlichung des Inhalts.

Konparu Zenchiku – Über den Verfasser unseres Nô-Stücks besitzen wir nur spärliche Angaben. Sicher ist bloß, daß er der Lieblingsschüler des größten Nô-Schauspielers und -Dichters Seami Motokiyo gewesen ist, der ihm denn auch seine Tochter zur Frau gab. Da Seamis Sohn früh (1432) starb, wäre zu erwarten gewesen, daß Zenchiku das Haus seines Schwiegervaters, das den Namen Kwanze trägt, weiterführen würde. Aber Seami war bei dem in Kyôto regierenden Shôgun Ashikaga Yoshimasa (reg. 1449–1474) in Ungnade gefallen, und dieser hatte Seamis Neffen On'ami, der von seinem Onkel nicht geschätzt war, an seinen Hof gezogen und zum Haupt des Schauspielerhauses Kwanze gemacht. So erbte sich Zenchikus Kunst in seinem eigenen Hause, Konparu, bis heute weiter. Da nach einer nicht unglaubwürdigen Tradition Seami nach seiner Rückkehr aus der Verbannung auf die Insel Sado (1434–1437) bei dem etwa 33jährigen Zenchiku Zuflucht gefunden und ihn nun in die letzten Geheimnisse seiner Kunst eingeweiht haben soll, betrachtet sich die Konparu-Schule bis heute als die eigentliche Hüterin des Seami'schen Erbes. Daß Zenchiku mit der mystischen Zen-Lehre vertraut war, beweist nicht nur sein Name, sondern mehr noch der Geist seiner Dichtung, die wir hier vor uns haben. Es verdient daher allen Glauben, daß er, wie eine Überlieferung will, bei dem großen Zen-Meister des damaligen Kyôto, dem Abte Ikkyû von der Rinzai-Sekte, in die Schule gegangen sei. Seine Belesenheit in chinesischer Philosophie und Dichtung und seine Kenntnis der heiligen Schriften des Buddhismus geht aus unserem Nô-Text zur Genüge hervor. Die Anregung zu dieser Schöpfung entnahm er einesteils einer chinesischen Ortssage, die von ihm aber völlig frei umgestaltet worden ist, andernteils einer Stelle des Vimalakîrti-Sûtra, in der es heißt: ›Dieser Leib ist wie Schaum, der nicht lange bestehen kann. Dieser Leib ist wie eine Bananenstaude, die nichts Festes in sich hat.‹ (Vgl. Taishô Daizôkyô XIV, S. 539, col. 2.)

Der Text für die vorliegende Übersetzung ist der kommentierten Ausgabe von Owada Tateki: Yôkyoku Hyôshaku, Tôkyô 1912, Bd. I, S. 240–248, entnommen.

Über meine Übersetzungsgrundsätze habe ich mich schon anderweitig ausgesprochen[1]. Genaue philologische Analyse, Berücksichtigung der Silbenzahl, der Reihenfolge der Wörter, der Wortspiele und anderer Feinheiten ist unerläßliche Voraussetzung. Wo diese aber erfüllt ist, kann eine frei scheinende Übersetzung viel treuer sein als sklavische Wörtlichkeit. – Aus Raummangel muß ich auf philologische Erläuterungen verzichten und beschränke mich auf Bemerkungen zum geistigen Gehalt des Gedichtes.

Personen – Während der Gegenspieler (Waki), sozusagen als Repräsentant der Zuschauerschaft, das ganze Spiel hindurch auf der Bühne bleibt, und zwar meist an deren rechter Vordersäule (die deshalb Waki-Säule heißt), tritt der Hauptspieler (Shite), um den allein es sich handelt, zweimal auf, wodurch das Stück in zwei Teile zerfällt.

Der Geist einer Bananenstaude – Geist steht hier für Sei (chin.: djing), eigentlich ›das Feine‹, die ätherische Urform der lebenden Substanz, aus deren Verdichtung und Vergröberung der materielle Leib entsteht. Man denke an den ›Ätherleib‹ des Neuplatonismus und der Anthroposophie. – Dieser Begriff ist den Nô-Dichtern als Mittel zur Darstellung ihres Lieblingsgedankens von der allgemeinen Naturbeseelung sehr willkommen. Es gibt eine Reihe von Nô-Dramen, in denen ein solcher ›Geist‹ die Hauptrolle spielt. Das Schema ist stets dasselbe: im ersten Teil tritt er verhüllt als gewöhnlicher Mensch, meistens weiblich, auf, im zweiten bekennt er sich zu seiner wahren Natur. Diese Geistererscheinung ist das eigentliche Thema solcher Nô-Spiele: sie bezwecken nichts als anbetendes Staunen über die geheimnisvolle Leben-

[1] Im Vorwort zu Der Schintoismus im japanischen Nô-Drama, Mitteilungen der Deutschen Gesellschaft für Natur- und Völkerkunde Ostasiens, Band XIX, Tôkyô 1925: ›Bei der wörtlichen Wiedergabe der Nô-Texte ist sich der Verfasser bewußt, daß von einer Übersetzung im eigentlichen Sinne des Worts keine Rede sein kann. Zwar beruht jene auf genauer Analyse des ursprünglichen Wortlauts, und die alte Schulregel »so treu als möglich, so frei als nötig« war in steter Erinnerung. Aber der Abstand des japanischen Sprachgeistes vom deutschen überhaupt und die Eigenart des Stils der Nô-Dramen im besonderen ist so groß, daß der Übersetzer oft zu erheblichen Abweichungen genötigt ist. Recht und Unrecht solcher Freiheiten wird sich darnach bemessen, ob sie aus dem nur durch umfassendes Studium zu gewinnenden Verständnis der Gedankenwelt des Nô-Dramas hervorgehen oder auf der freien Phantasie des Übersetzers beruhen.‹

digkeit der Natur. Wie hier das Wunder der Banane dargestellt ist, so erscheint in ›Kochô‹ der Geist des Schmetterlings, in ›Ume‹ die Pflaumenblüte, in ›Saigyô-Zakura‹ die Kirschblüte, in ›Kakitsubata‹ die Iris, in ›Fuji‹ die Glyzine, in ›Asagao‹ die Prunkwinde, in ›Hajitomi‹ die Flaschenkürbisblüte, in ›Hanaikusa‹ die Päonie, der Herbstbaldrian und eine Menge anderer Blumen, in ›Mutsura‹ der Ahorn, in ›Yûgyô-Yanagi‹ ein Weidenbaum, in ›Takasago‹ ein Kiefernpaar, in ›Yuki‹ der Schnee und in ›Chibiki‹ sogar ein mächtiger Felsblock. Keines dieser Stücke allerdings ist so stark mit buddhistischem Geist durchtränkt wie das unsere. – Was für die untermenschliche Welt das ›Sei‹, das ist für die menschliche das ›Rei‹ oder ›Yûrei‹ (chin.: ling bzw. yu-ling), der Geist oder das Gespenst, und für die übermenschliche der Gott, ›Kami‹ oder ›Shin‹ (chin.: schën). Darum sind auch die vielen Stücke, in denen Geister Verstorbener oder Götter auftreten, alle nach demselben Schema aufgebaut. Vgl. W. Gundert: Der Schintoismus im japanischen Nô-Drama (Mitteilungen d. Dt. Ges. f. Natur- u. Völkerkunde Ostasiens, Bd. XIX, Tôkyô 1925, S. 217ff.).

Z. 2: *Des Landes So* – So, chinesisch Tschu, einer der sog. ›zehn Staaten‹, die in der Zeit zwischen den Dynastien Tang und Sung aufkamen und wieder zerfielen, bestand etwa von 907 bis 951 und umfaßte ungefähr das Gebiet der heutigen Provinz Hunan.

Z. 3: *Sutra vom Gesetzeslotos* – Saddharma-Pundarîka-Sûtra, zu Beginn des 5. Jahrhunderts von Kumârajîva unter dem Titel ›Miau-fa liän-hua-djing‹ ins Chinesische übersetzt, japanisch: Myôhô-Renge-Kyô oder kurz Hokkekyô, wichtigste Schrift des Mahâyâna-Buddhismus, die in Japan namentlich bei der Tendai-Schule und ihr nach bei der Nichiren-Sekte höchstes Ansehen genießt. Vgl. die französische Übersetzung von E. Burnouf: Lotus de la Bonne Loi (Paris 1852; neue Ausgabe Paris 1925), sowie die englische Übersetzung von H. Kern: The Saddharma-Pundarika or the Lotus of the True Law, Vol. XXI von Sacred Books of the East, Oxford 1909. Für unsern Zweck allein brauchbar ist der chinesische Text, s. Taishô Daizôkyô, hrsg. von J. Takakusu und K. Watanabe, IX. Band, Nr. 262, Tôkyô 1925. Auf ihm beruht die abgekürzte Übersetzung von W. E. Soothill: The Lotus of the Wonderful Law; Oxford, Clarendon Press, 1931. – Die Heiligkeit dieses Sûtra wird in zahlreichen Nô-Dramen hervorgehoben, vgl. die Stücke Ikari-Kazuki, Hashi-Kuyô, Tôboku, Tomoakira, Darani-Ochiba, Ukai, Genzai-Shichimen, Minobu.

Z. 18: *Wie's geschrieben steht* – Nämlich im 10. Kapitel des Lotos-Sûtra, wo es heißt: ›Wenn einer, der das Gesetz verkündigt, allein an leerem ruhigem Orte weilt, wenn er in stiller Öde, wo keines Menschen Stimme zu vernehmen ist, dieses Sûtrabuch lesend aufsagt, so werde ich zu solcher Stunde machen, daß ihm mein reiner, strahlender Lichtleib erscheint.‹ Vgl. Taishô Daizôkyô IX, S. 32, col. 2. Ähnlich Kern, a. a. O., S. 225.

Z. 23: *Kiefernrauschen* – Das Rauschen des Windes in den Kiefern. *Matsu no Kaze, Matsu no Koe*, ist wie die klare Mondnacht ein wichtiges Element in der traditionellen Herbstvorstellung japanischer Naturlyrik.

Z. 24f.: *Der Wind wird sie noch knicken* – Damit ist das Motiv des Ganzen angeschlagen: das klägliche Ende der wehrlosen Pflanze im rauhen Herbstwind, ein Bild der Vergänglichkeit alles Irdischen.
Z. 26–29: Chinesische Gedichte in Anführungszeichen.
Z. 36: *Tau, der verdunstet* – Dem schmerzvollen Bekenntnis der Beschränktheit menschlichen Wissens folgt die Klage über die Flüchtigkeit des irdischen Lebens nicht nur, weil diese Gedanken verwandt sind, sondern weil der Wortlaut ›wir wissen nicht‹ (shirazu) spielend zum ›weißen Tau‹ (shiratsuyu) überleitet, dessen rasches Verdunsten in der Morgensonne beliebtestes Gleichnis der Vergänglichkeit ist.
Z. 44: *Die ewge Wahrheit* – Anspielung auf die Lotosblüte als Symbol des Buddhagesetzes und auf das darnach benannte Sûtra.
Z. 45: *Wer davon nicht angefärbt* – ›Angefärbt sein‹ ist sonst ein Ausdruck für das Verschlungensein in die Welt der Sinnlichkeit, die auch die Welt der Farbe heißt. Hier deutet er gerade auf das Gegenteil.
Z. 49f.: *Die köstliche Perle* – Im 8. Kapitel des Saddharma-Pundarîka-Sûtra ist die höhere Erkenntnis einer niedrigeren unter dem Gleichnis eines Edelsteins gegenübergestellt, den ein Mann, ohne es selbst zu wissen, bei sich trägt, weil ein Freund ihm diesen unbemerkt ins Kleid hineingeknüpft hat. Vgl. Taishô Daizôkyô IX, S. 29, col. 1f. und Kern a. a. O., S. 201. – Einsamkeit ist für den Höherstrebenden wohl schmerzlich, aber besser als Umgang mit solchen, die ihn doch nicht innerlich fördern.
Z. 64: *Dem man so schwer begegnet* – Das Lotos-Sûtra betont geflissentlich, wie selten ein Buddha auftritt, wie schwer es ist, die Wahrheitsbotschaft zu Gehör zu bekommen. Es veranschaulicht diese Seltenheit an dem Udumbara-Feigenbaum (Ficus glomerata), an dem nur alle dreitausend Jahre eine Blüte zu sehen sei. Vgl. Taishô Daizôkyô IX, S. 7, col. 1; S. 10, col. 1; S. 24, col. 1; Kern a. a. O., S. 39, 58, 164.
Z. 67: *Doch halt* – Die zögernde Scheu vor dem Erkanntwerden ist ein stehender Zug in allen Nô-Stücken, in deren erstem Teil ein Geist oder ein Gott als Mensch auftritt.
Z. 85ff.: *Gemeinsames Schöpfen* – Die Erinnerung an ein vielberufenes Wort, das die Abhängigkeit des gegenwärtigen Lebens von einer früheren Geburt ausdrückt, ermutigt den erst so strengen Mönch, ohne viel Umstände einzulenken. In der fälschlich dem Kronprinzen Shôtoku zugeschriebenen, aber jedenfalls sehr alten Schrift ›Seppô-myôgen-ron‹ steht über diese Abhängigkeit folgendes:
›Ob Menschen im selben Land ihren Sitz haben, ob sie im selben Stamme wohnen, ob sie zur selben Stadt, zum selben Dorf gehören, *ob sie unter demselben Baum übernachten, ob sie aus demselben Flußlauf schöpfen,* ob sie in derselben Nacht beisammen schlafen, ob sie an einem Tag Mann und Weib sind, ob sie gemeinsam etwas hören, ob sie eine Weile den gleichen Weg gehen, ob sie eine halbe Stunde scherzen und lachen, ob sie sich mit einem Wort begrüßen, ob sie zusammen sitzen und Wein trinken, derselbe Becher, derselbe Wein, dieselbe Matte, derselbe Sitz, dieselbe Bettstelle, dasselbe

Lager – mag dies nun alles leicht wiegen oder schwer, mögen sie sich nahe stehen oder fern: so kommt doch alles dies daher, daß sie in einem früheren Leben durch ein Band verbunden waren.‹

Z. 98: *Der Kummer heil* – Zwei Verse des Du Fu (712–770) in umgekehrter Reihenfolge.

Z. 103: *An des Kaisers Hof* – Verse des bei den Japanern beliebten Bo Djü-i (772–846). Die Erinnerung an die ›Hüttenberge‹ Lu-schan mit dem ›Weihrauchkesselberg‹ Hsiang-lu-fëng bei Kiu-kiang in der heutigen Provinz Kiangsi liegt dem Dichter nahe, weil diese Berggruppe in der Geschichte des chinesischen Buddhismus als Zufluchtsort für Einsiedler und Sitz mehrerer Klöster eine wichtige Rolle gespielt hat. [Zum Lu-schan vgl. besonders Band II des Bi-yän-lu, S. 38f.]

Z. 113f.: *Wer gläubigen Sinns* – Im 10. Kapitel des Lotos-Sûtra. Vgl. Taishô Daizôkyô IX, S. 30, col. 3; Kern a. a. O., S. 213. Daß in diese Verheißung höchster, vollkommener Erleuchtung auch Pflanzen miteingeschlossen sind, geht freilich aus den Worten des Sûtra nicht hervor.

Z. 120: *Das Arzneipflanzengleichnis* – Das 5. Kapitel des Lotos-Sûtra, nämlich das von den ›Arzneipflanzen‹ (Yakusô-hon, bei Kern: ›On plants‹) vergleicht die Gläubigen verschiedener Erkenntnisstufen mit Pflanzen verschiedener Größe: wie der Regen aus einer großen Wolke über all diese Pflanzen niedergeht, so ergeht auch der Ruf des Tathâgata an alle, gleichviel welches der Stand ihrer Erkenntnis sein mag. – Hieraus auf die Berufung der Pflanzen zur Buddhaschaft zu schließen, steht auf derselben Ebene, wie wenn ein christlicher Prediger sagen würde, auch die Lilien auf dem Felde seien zum Reich Gottes berufen, weil Jesus sie in der Bergpredigt zu einem Gleichnis heranzieht. Es ist eine Beweisführung für Einfältige, denen der Beweis aus den tieferliegenden Grundanschauungen heraus nicht faßbar wäre.

Z. 123: *Aller Dinge wesenhafte Form* – In dem Kapitel von den Arzneipflanzen heißt es tatsächlich: ›So erscheint auch der Buddha in der Welt ... und erklärt und verkündigt das Wesen aller Dharmas‹ (Shohô no jitsu; Taishô Daizôkyô IX, S. 20, col. 1). Und seit Nâgârjunas großem Traktat Mahâprajnâpâramitâ-Shâstra (chin.: Da-dschï-du-lun, jap.: Daichidoron) bildet die ›wesenhafte Form aller Dinge‹, genauer: ›aller Dharmas‹ (Shohô-jissô) den eigentlichen Kern- und Grundbegriff des Mahâyâna-Buddhismus. Er ist nichts anderes als die positive Kehrseite des Nirvâna, d. h. der völligen Leerheit oder Attributlosigkeit aller Bewußtseinsinhalte, die derselbe Nâgârjuna in seinem Traktat Mâdhyamika-Shâstra (chin.: Dschung-lun, jap.: Chûron) bis in ihre letzten Konsequenzen verfolgt hat (vgl. M. Walleser: Die Mittlere Lehre des Nâgârjuna, Heidelberg 1911). Denn eben in dieser Leerheit besteht das über alle Begriffe erhabene, geheimnisvolle Wesen, dessen nichtige Erscheinung wir in der empirischen Welt einschließlich unserer eigenen Existenz vor uns haben. Aber eben als die allein uns zugängliche Erscheinung des Absoluten ist die empirische Welt mit diesem ein und dasselbe, und so haben wir es in jedem Erlebnis, in jeglicher Berührung mit der bunten Welt der Farbe, durchaus mit dem Absoluten zu tun. Da im Absoluten auch zwischen Erkennen, Erkennendem und Erkanntem kein Unterschied mehr besteht, so läßt es sich ebenso als ewige Wahrheit wie als höchste Erkenntnis wie auch als Buddha, d. h. vollkommen Erkennenden, bezeichnen. – Diese von Nâgârjuna ausgehenden Gedanken sind in China und Japan namentlich von der Tendai-Schule zu einem umfassenden System ausgebaut worden, bilden aber ebenso die Grundlage für das Erleuchtungserlebnis der Zen-Mystiker, zu denen Zenchiku gehört. – Auf das Ungenügende der Übersetzung ›alle Dinge‹ für ›Shohô‹ (Sarvadharma) sei hier nur hingewiesen, welch letzteres die gesamte materielle und geistige Welt, und zwar in durchaus eigenartigem Aufbau, umfaßt. (Vgl. O. Rosenberg: Die Probleme der buddhistischen Philosophie, Heidelberg 1924, S. 83 ff.)

Z. 126: *Alles ist Sutralesung* – Die ganze Erscheinungswelt verkündet dieselbe absolute Wahrheit, von der die Sûtren handeln. Vgl. Psalm 19,2.

Z. 127: *In Tempelbrunnens Grunde* – ein Beispiel für die Freiheit, mit der die Nô-Dichter ohne Rücksicht auf die logische Gedankenfolge Vorstellungen auftreten lassen, die nur durch Klangassoziation (hier: Herzensgrund) hervorgerufen sind und das Phantasiebild der Szene passend beleben. So werden wir im folgenden finden, daß wo eine Gestalt sich erhebt, von sich erhebenden Kiefernwurzeln die Rede ist, daß mit der Geduld der Banane auch der geduldige Tüpfelfarn genannt wird, daß mit der Vorstellung »unten im Seelengrunde« auch die vom herbstlichen Zirpen der Heimchen »unten unterm Beifußkraut« auftaucht.

Z. 130: *Die Feuerstätte ....* – Frei nach Bo Djü-i.

Z. 140: *Aus brennendem Hause zu fliehen* – Das 3. Kapitel des Lotos-Sûtra (Kern: ›A Parable‹) enthält das berühmte Gleichnis von der Flucht aus dem brennenden Hause als Bild der leidvollen Welt, aus der nur die Flucht retten kann. – Auch bei diesem nächtlichen Zusammensein läßt der Mönch keine sinnliche Begierde aufkommen.

Z. 144 f.: *Die Weidenbäume grün* – Nach einem Gedichte von Su Dung-po (1036–1101). Japanisch: Yanagi wa midori, hana wa kurenai (Weidenbäume grün, Blumen purpurrot). Diese Worte wurden schon früh von den Zen-Mystikern als verhüllender Ausdruck für die Identität der Erscheinungswelt mit dem Absoluten bzw. mit Buddha verwendet. Man braucht dieser bunten Welt nichts hinzuzufügen und nichts von ihr zu abstrahieren. Man braucht ihr nur auf den Grund zu sehen, daß sie nämlich durch und durch ›leer‹ ist, und man hat in ihrer Leerheit das Wesen aller Dinge.

Z. 147: *Daß alles Land .... Buddha wird* – In einem alten chinesischen Kirchenlied heißt es:

> *Ein* Buddha nur kommt zur Erleuchtung,
> Durchschaut die Dharmawelt:
> Und Gräser, Bäume, Landesboden,
> Sie werden Buddha allesamt.

Vgl. Oda Tokunô: Bukkyô Daijiten, Tôkyô, 1917, S. 82, Spalte 3. Damit ist das zentrale Mysterium des Mahâyâna-Buddhismus berührt, wie es besonders die Tendai-Schule, aber in ihrer Art auch die Mantra- oder Shingon-

Sekte hochhält. Für den vollkommen Erleuchteten gibt es keinen Unterschied zwischen sich selbst und seiner Welt. Darum nimmt an seiner Buddhaschaft alles teil: auch ›was keine Empfindung hat‹ (hi-jô) ›wird Buddha‹ (jô-butsu). Der Lehrsatz ›hijô jôbutsu‹ wurde von dem neunten Patriarchen der chinesischen Tendai-Schule Djing-hsi Dschan-jan (jap.: Keikei Tannen, gest. 782) in dem Traktat Djin-gang-be (jap.: Kongôbei) oder Djin-be-lun (jap.: Konpeiron) ausführlich behandelt (den Hinweis hierauf verdanke ich Herrn Professor Bruno Petzold) und spielt auch in dem Tendai-Katechismus (jap.: Tendai Nihyaku Dai) eine Rolle.

Auf japanischem Boden hat schon der Stifter der japanischen Tendai-Sekte, Dengyô Daishi (767–822), einen Kommentar zum Konpeiron verfaßt. Ferner erschien in der zweiten Hälfte des 9. Jahrhunderts von dem japanischen Tendai-Meister Godaiin Annen eine Schrift: ›Private Aufzeichnungen über die Buddhawerdung von Gräsern und Bäumen‹, und Danna-in Kakuun, ein Schüler des Tendai-Lehrers Ryôgen (913–985), hat zwei Schriften über denselben Gegenstand herausgegeben: ›Abhandlung über die Buddhawerdung von Gräsern und Bäumen‹ und ›Aufzeichnungen über Heils verlangen, Heilsbemühen und Buddhawerdung von Gräsern und Bäumen‹.

Es ist begreiflich, daß die Nô-Dichter diesen ebenso frommen als schönen Gedanken mit ganz besonderer Liebe pflegten und zum Leitmotiv einer Reihe von Spielen machten (vgl. die Stücke Hajitomi, Hotoke-no-hara, Kakitsubata, Mutsura, Saigyô-Zakura, Shari, Taima, Tomoakira und Yûgyô-Yanagi).

Z. 172f.: *Den .... Stand eines Menschen* – Das buddhistische Weltbild kennt vier untermenschliche Stände, in die ein Wesen geboren werden kann, also ist der Menschenstand schwer zu erlangen. Das Nirvâna-Sûtra (chin.: Nipan-djing, jap.: Nehangyô), Kap. 23, sagt: ›Der Stand des Menschen ist so schwer zu erlangen, wie die Blüte der Udumbara-Feige‹, s. Taishô Daizôkyô XII, S. 498, col. 3.

Z. 189f.: *Die Glocke* – Im verhallenden Klang der Glocke erklingt die Wahrheit von ›allen Geschehens Unbestand‹ (Shogyô mujô). Dies der berühmte Eingang zu dem Kriegsroman ›Heike Monogatari‹ (s. Gundert: Die japanische Literatur, Wildpark-Potsdam 1929, S. 79).

Z. 209f.: *Feigenbaumblüte* – Vgl. die Bemerkungen zu Zeile 64 und 172.

Z. 268: *Wisset, daß ....* – Der Chorgesang erhebt sich zu feierlichster Verkündigung des Mysteriums, das die Dogmatik des Mahâyâna-Buddhismus mit den Sätzen ausdrückt: die Welt der Vielheit *ist* das absolute Eine, das Eine *ist* die Welt der Vielheit, Nirvâna ist Samsâra, Samsâra ist Nirvâna. Darum sind auch für die Banane klägliche Vergänglichkeit und triumphierend wandelloser Bestand unzertrennlich beisammen und wechseln als Gegenstand des Gesangs miteinander ab.

Z. 271: *Wahren Wesens Leibgestalt* – ›Musô Shinnyo no Tai‹. Shinnyo (Bhûtatathatâ) ist das sich ewig gleichbleibende wahre Wesen, gleichbedeutend mit Jissô (s. die Bemerkung zu Zeile 120).

Z. 272f.: *Im winzigen Stäubchen das ganze .... All* – ›Ichi-jin Hokkai‹: ein Gedanke, der besonders im Avatamsaka-Sûtra (chin.: Hua-yän-djing, jap.: Kegonkyô) ausgeführt ist.

Z. 275: *Regen, Tau, Reif, Schnee* – Diese vier sind wiederum selbst als Erscheinungsformen des Wassers Gleichnis für die Einheit in der Vielheit. – Der ständige Wandel der Erscheinungswelt zeigt sich im Wechsel der Jahreszeiten, der nun vom Winter über Frühling und Sommer bis zum Herbst durchgeführt wird.

Z. 290: *Der Balkon nahe beim Wasser* – Verse des chinesischen Dichters Su Lin (Sung-Zeit). Allen wird das Heil zuteil, doch gibt es Unterschiede von früher und später. An die Banane in der Nähe der Einsiedelei gelangt es eher als an andre Bäume.

Z. 305f.: *Der Herbst* – Mit dem Herbst sind wir wieder bei der seinen Unbilden ausgesetzten Banane.

Z. 308: *Tüpfelfarn* – Steht hier als Gattungsname für Davallia bullata, ein kleines Farnkraut, das sich besonders an alte Dachleisten, Zäune und Pfostenenden anheftet und wegen seiner bescheidenen Ausdauer den Namen Shinobugusa, d. h. Geduldskraut, trägt.

Z. 318: *Beifuß* – Artemisia vulgaris, jap.: Yomogi, gilt als beliebter Schlupfwinkel für Grillen und zirpende Heuschrecken, deren Musik mit zu dem traditionellen Herbsterlebnis des Japaners gehört und darum an den Wandel aller Dinge erinnert. Ein poetischer Ausdruck für die dreizehnsaitige Zither alten Stils, jap. Sô, lautete: Yomogi ga moto no mushi no ne, d. h. ›der Ton der Insekten unter dem Beifuß‹.

Z. 325: *Der Hirsche männliches Röhren* – auch dies ein oft besungenes Herbsterlebnis. Daß es in den Traum hineinverlegt ist, geht auf eine Erzählung von Liä Dsï zurück, wonach ein Holzhauer ein Reh, das er erlegt und versteckt hatte, nicht mehr finden konnte, und nun alles für einen Traum hielt, woraus sich ein großer Wirrwarr und schließlich ein Rechtshandel entspann. S. Richard Wilhelm: Liä Dsï, Das wahre Buch vom quellenden Urgrund, Jena 1911, S. 35.

Z. 337: *Erinnerung* – ist in sehr vielen Nô-Stücken Motiv für den Tanz des Hauptspielers, namentlich wenn der Geist eines abgeschiedenen Helden auftritt und im Tanze etwa den Kampf andeutet, in dem er zugrunde gegangen ist. In die Banane kommt Bewegung, sie macht sich zum letzten Tanz bereit.

Z. 340: *Rückwärts schwenken* – eben als Zeichen des Erinnerns.

Z. 341: *Diese Nacht ....* – Dieser Gesang leitet den Todestanz ein, der dann eine gute Weile ohne Worte, nur mit Musikbegleitung weitergeführt wird, bis er in das bewegte Schlußspiel übergeht, das mit sich steigernder Heftigkeit dem plötzlich abfallenden Ende zudrängt.

Z. 342: *Weiß* – die Farbe des Todes.

Z. 345: *Aus Reif die Kette ....* – ein rührendes Bild äußerster Gebrechlichkeit.

Z. 348: *Doch gelten ....* – Auch in ihrer Gebrechlichkeit aber gibt die Banane das Bewußtsein ihres ewigen Wertes nicht auf und vergleicht sich stolz mit jener himmlischen Jungfrau (Tennin oder Tennyo), die in einem wunderbaren Federkleide (Hagoromo) vom Himmel auf die Erde geflogen kam, dort von einem Fischer um das Kleid betrogen wurde, es aber gegen das Versprechen zurückerhielt, ihm den Tanz der Himmlischen vorzuführen. Das Stück Hagoromo, das diesen Tanz zum Mittelpunkt hat, ist wohl das bekannteste Nô-Spiel. Vgl. die leider ungenügende Wiedergabe bei E. Fenollosa und E. Pound, Noh or Accomplishment, London 1916, S. 165ff.
Z. 361: *Herbstbaldrian* – Ominaeshi, Patrinia scabiosaefolia, eines der »sieben Herbstgräser«, gehört zum traditionellen Herbstbild der japanischen Dichtung und Malerei.
Z. 365: *Jäh vom Berg her* – Das ist das Ende. Kein Wort mehr hier von ewiger Wesenhaftigkeit, nur klägliche Vernichtung. Aber wer dieser Dichtung aufmerksam zugehört hat, der sieht es über der zerknickten Banane wie stilles Nordlicht leuchten.

Wilhelm Gundert zum Gedenken

Mit dem Tode Wilhelm Gunderts vollendete sich das 91jährige Leben (12. 4. 1880 bis 3. 8. 1971) und mehr als 60jährige Wirken eines der größten und tiefsten Kenner ostasiatischen Geistes, vor allem der Dichtung und der buddhistischen Weisheit Chinas und Japans. Dazu war Gundert in besonderem Maße befähigt, nicht obwohl, sondern weil er aus der Sphäre des streng christlichen schwäbischen Pietismus stammte. Freilich, schon sein Großvater, der Geistliche und Philologe Hermann Gundert, dessen Wesen Wilhelm Gunderts Persönlichkeit entscheidend prägte, hatte als Missionar in Indien gewirkt und war namentlich auch durch innige Vertrautheit mit den Sprachen des Landes in Geist und Leben des Ostens eingedrungen. Diese seine Vertrautheit durch Liebe zum lebendigen, geisterfüllten Wort hat sich nicht nur auf Wilhelm Gundert, den Forscher und Übersetzer, vererbt, sondern auch auf den anderen, den Dichter-Enkel: Hermann Hesse. »Mit des Großvaters indischer Sendung«, schreibt dieser, »begann jenes besondere Seelenklima, jene eigentümliche Gestimmtheit und Empfänglichkeit für den Osten, die sich bei den Enkeln in so verschiedener Weise als westöstlich zu erkennen gab und aus schwäbisch-pietistischer Herkunft und Erziehung den Weg in die Welt, in die übernationale und zeitlose Gemeinschaft der Geister fand.«

Beide Eltern Wilhelm Gunderts waren in Indien zur Welt gekommen; sein Vater war später an dem überwiegend theologischen »Calwer Verlagsverein« beteiligt und schloß ihm einen Jugendbuchverlag in Stuttgart an. In dessen Haus wurde Gundert am 12. April 1880 geboren. Gemäß seiner schwäbisch-theologischen Herkunft führte ihn sein Studienweg ins Tübinger Stift (1898–1900, 1901/02), zwischendurch zu bedeutenden theologischen Lehrern nach Halle (1900/01) und dann in den Pfarrdienst und zu missionarischen Aufgaben. Schon als Student hatte er sich der Deutschen Christlichen Studentenvereinigung angeschlossen, die zahlreiche internationale Beziehungen pflegte und Gundert später Gelegenheit zu Auslandsreisen und Kontakten mit außereuropäischen Christen gab. Unter diesen war es der Japaner Uchimura Kanzô, der besonders starken Eindruck auf ihn machte; sein Buch »Wie ich ein Christ wurde« hatte er schon vor der persönlichen Begegnung übersetzen und publizieren lassen. Anscheinend hat ihn Uchimuras Persönlichkeit wesentlich zu dem Entschluß bestimmt, als kirchlich-organisatorisch ungebundener, auf sich selbst gestellter Missionar nach Japan zu gehen (1906) und dort zunächst mit dem Kreis japanischer Christen um Uchimura zusammenzuarbeiten. In Japan wurde dann auch die Begegnung mit Kierkegaards Denken für ihn entscheidend.

Fast von Anfang an lehrte Gundert auch die deutsche Sprache an einem bedeutenden staatlichen College in Tokyo und legte gleichzeitig den Grund für seine meisterliche Kenntnis des Japanischen. Später war er noch zweimal als Lektor an staatlichen Hochschulen tätig: in Kumamoto (1915–1920) und Mito (1922–1927). So wertvoll diese Zeiten des lebhaften Austauschs mit japanischen Kollegen und Studenten und des konzentrierten, vielseitigen Studiums auf den Gebieten der chinesischen und der japanischen Sprache und Literatur, des Buddhismus, der chinesischen Klassiker für den Wissenschaftler Gundert auch waren: eine entscheidende Lebenswende war doch schon viel früher, in seinen ersten Japanjahren, eingetreten. Es wurde »mir unter dem Einfluß Uchimuras deutlich, daß meine hergebrachten Begriffe von Mission in Japan nichts taugen, daß ihnen ein unberechtigtes Superioritätsgefühl innewohnt und daß ein Fremder hier nur zusehen muß, wie und wo er da dienen und helfen kann, wo es nötig ist«. So zog er mit seiner jungen Frau und einem einjährigen Sohn in ein weitentlegenes Landstädtchen bei der nordwestjapanischen Stadt Niigata, lebte dort mit den Japanern und ganz nach ihrer Weise, scheute sich nicht vor der Mitarbeit auf dem Reisfeld und erwarb sich höchstes Vertrauen und lange nachwirkende Verehrung durch sein tätiges, bescheidenes Helfen. So blieb sein Verständnis Japans nicht bloßes akademisches Wissen und intellektuelles Interesse, sondern es wurde fast vom ersten Augenblick ab eine die ganze Persönlichkeit ergreifende, sie prägende und zugleich ihren vollen Einsatz fordernde, leiblich-seelische Erfahrung. Das ist denn auch jedem Wort anzumerken, das Gundert später über östliche Dinge schrieb; und wer ihn kannte, namentlich in seinen späten Jahren, wurde tief berührt von seiner Persönlichkeit, die durch die Lebensweisheit und die menschliche Kultur Ostasiens aufs stärkste geformt war. In bezaubernder Weise erinnerte er an die feinen, wissensreichen, erfahrenen, bescheidenen, ganz in sich ruhenden, doch allem und allen zugänglichen Gelehrten und Meister des Ostens, die noch viel stärker wirken durch das, was sie sind, als was sie lehren.

Nach einem Deutschlandaufenthalt (1920–1922), während dessen er in Hamburg bei dem Begründer der deutschen Japanologie, Karl Florenz, den Dr. phil. erwarb, und nach weiteren Jahren intensiver Studien in Japan war Gundert seit 1927 Leiter des neu gegründeten Japanisch-Deutschen Kulturinstituts in Tokyo, bis er 1936 als Nachfolger von Florenz an die Universität Hamburg berufen wurde. Seine Emeritierung nach dem Ende des Krieges gab ihm dann die Möglichkeit, noch weitere 25 Jahre lang sich großen Aufgaben zu widmen, die er sich stellte oder die an ihn herangetragen wurden und für die ihm die Arbeitskraft bis ins höchste Alter erhalten blieb.

Schon der Titel seiner Dissertation, »Der Schintoismus im japanischen Nô-Drama« (1925), bezeichnet die beiden Schwerpunkte seiner Japanforschung, nämlich die Religions- und die Literaturgeschichte. In zwei trotz dem Weiterschreiten der Forschung noch heute grundlegenden Hauptwerken hat Gundert diese unendlich reichen und schwierigen Gebiete mit vorbildlicher Meisterschaft sowohl der konzisen Zusammenfassung wie der lebendigen Anschaulichkeit dargestellt: in der »Japanischen Literatur« (im Handbuch der Literaturwissenschaft, 1929) und in der »Japanischen Religionsgeschichte« (1935), einem Muster umfassender, äußerst gedrängter und doch durchsichtig klarer Darbietung eines höchst verwickelten Gegenstandes. Hatte er schon in dem erstgenannten Werk viele Proben glänzender Übersetzungskunst gegeben, so entfaltete sich diese Begabung zur vollen Höhe in den zahlreichen Gedichten, die Gundert für die gar nicht genug zu rühmende Anthologie »Lyrik des Ostens« (1952), die er auf Anregung des Hanser-Verlags mit anderen Orientalisten herausgab, aus dem Chinesischen und dem Japanischen übertrug und deren Dichter er in Erläuterungen von nur wenigen Zeilen so knapp wie lebensvoll charakterisierte. Den subtilen Gedichten wirklich nahezukommen, befähigte ihn nicht nur seine intime Kenntnis des Lebensgefühls der Ostasiaten, sondern auch eine seltene Verbindung exakt philologischer Interpretation mit tiefem Empfinden für die religiösen Werte und mit ungewöhnlich feiner künstlerischer Begabung.

Die letzte und schwerste Aufgabe, die Gundert sich selber stellte, forderte seine höchsten Kräfte heraus und wurde zur Krönung seines Lebenswerks: die Übersetzung und Erläuterung des »Bi-yän-lu« (»Meister Yüan-wu's Niederschrift von der Smaragdenen Felswand«), eines aus dem frühen 12. Jahrhundert stammenden Grundbuchs des chinesischen Ch'an-(japanisch: Zen-)Buddhismus (1. Band: München, Hanser 1960, 2. Band 1967). Diese Quellenerschließung, von deren Schwierigkeit sich nur wenige einen Begriff machen können, ist deshalb so besonders zu begrüßen, weil bei uns zwar viele Schriften *über* das Zen erschienen sind, aber zu wenige, die uns das Zen selber, eine der geistigen Grundkräfte Ostasiens, in seinen Ursprüngen, seinen Intentionen, seinem konkreten Leben und seinen internen, durch Jahrhunderte in einer langen Kette geistesmächtiger Persönlichkeiten fortlebenden Traditionen vor Augen rücken. Das Werk ist noch heute in den Zen-Kreisen Japans wirksam, und auch viele europäische Leser haben seine weckende Kraft in irgendeiner Weise an sich erfahren. Es ist eine harte Nuß und erfordert anhaltendes Bemühen, weniger in Form intellektueller Bewältigung als eines Hinhorchens auf den im Grunde ganz einfachen, das eigentlich Unerfaßbare jedoch meist in Paradoxen nur andeutenden Sinn; wie es dort an einer Stelle heißt: »In diesem Ausspruch stecken Augen drin, ein Sinn, der außerhalb der Worte liegt.«

Jenes fast demütige Hinhorchen auf Wort und Geist der Chinesen und der Japaner hat Gunderts Arbeit von Anfang an bestimmt, und diese Haltung sollte mehr, als es heute der Fall ist, zum Vorbild werden. Aber trotz seiner innigen Vertrautheit mit dem Osten hat er sich nicht an ihn verloren – er blieb stets seinen Ursprüngen treu, blieb schwäbischer Christ und europäischer Forscher auch als tiefer Kenner des Buddhismus und als Lebensvertrauter der östlichen Menschen; und so ist ihm dank seiner umfassenden Geisteskraft und Menschlichkeit die schwere Aufgabe geglückt, beide Kulturwelten, ohne sie zu vermengen und ohne die eine gegen die andere auf- oder abzuwerten, vor dem gemeinsamen Hintergrund letzter Werte zusammenzuführen. Am Schluß von Gunderts Nachwort zur »Lyrik des Ostens« heißt es: »Wenn, was von Herzen kommt, gleichviel aus welchem fernen Land, in unserer Mitte Menschen findet, denen es zu Herzen geht, so wird erwiesen, daß eine Tiefe vorhanden ist, in welche die Zerrissenheit der Welt vom Westen bis zum Osten nicht hinabreicht und in welcher alle sich finden können, die aus ihr leben.«

Dietrich Seckel

Bibliographie der wissenschaftlichen Veröffentlichungen von Wilhelm Gundert

Der Schintoismus. In: Maximilian Kern ed.: Das Licht des Ostens, Stuttgart/Berlin/Leipzig 1922, S. 518–540.
Der japanische Buddhismus. Ebenda S. 541–566.
Zeugnisse neuen Lebens im japanischen Buddhismus. In: Ostasien-Jahrbuch Bd. 2, 1923, S. 92–107.
Der Schintoismus im japanischen Nô-Drama. MOAG Bd. 19, Tôkyô 1925. IX, 275 S.
Gedanken über das japanische Nô-Drama. Vortrag am 23. April 1926. In: Transactions of the Meiji Seitoku Kinen Gakkai Bd. 17, 1927, S. 1–8; Bd. 28, 1928, S. 1–10.
Nihonsiki Romazi, die japanisch-nationale Lautschrift. In: OR Jg. 9, 1928, S. 127–130.
An Introduction to the Main Currents of Buddhist Philosophy in Japan. In: Transactions of the Asiatic Society of Japan, 2nd Series, Vol. 5, 1928, S. 72–88.
Die japanische Literatur. (Handbuch der Literaturwissenschaft, ed. Oskar Walzel.) Wildpark-Potsdam 1929. 136 S., 62 Abb., 5 Taf.
Aphorismen aus dem Tsurezuregusa des Yoshida Kenkô. In: Yamato Jg. 1, 1929, S. 180–187.
Unsere Reise nach den Bonin-Inseln. In: Yamato Jg. 4, 1932, S. 57–63; 139–148.
Goetheehrung in Japan. In: Yamato Jg. 4, 1932, S. 108–111.
Hegel-Feiern in Japan. In: Kant-Studien Bd. 37, 1932, S. 232.
Die Bananenstaude. Das Nôspiel »Bashô« von Konparu Zenchiku, übersetzt und erläutert. In: Jubiläumsband, hrsg. von der Deutschen Gesellschaft für Natur- und Völkerkunde Ostasiens [OAG], Tôkyô 1933, Teil 2, S. 234–254. [Neudruck in vorliegendem Band S. 127 bis 150].
Japanische Religionsgeschichte. Die Religionen der Japaner und Koreaner in geschichtlichem Abriß dargestellt. Tôkyô/Stuttgart 1935; [Neudruck] Stuttgart 1943. XVIII, 267 S., 5 Karten, 40 Tafeln.
Über den Begriff »Yûgen« bei Seami. In: MOAG Bd. 25, Teil B: Festgabe der Deutschen Gesellschaft für Natur- und Völkerkunde Ostasiens zum 70. Geburtstag von Prof. Dr. Karl Florenz am 10. Januar 1935, Tôkyô 1935, S. 21–30.
Der japanische Nationalcharakter (im Anschluß an das Buch von Prof. Y. Haga: Kokuminsei Jûron). MOAG Bd. 26, Teil E, Tôkyô 1935. 21 S.
Die Bedeutung Japans und die Aufgabe der deutschen japanologischen Arbeit. In: ZDMG Bd. 90, 1936, S. 247–264.
Japan von heute. Geistige und soziale Strömungen. In: OR Jg. 17, 1936, S. 298–302.

Nationale und übernationale Religion in Japan. In: W. Gundert, W. Schubring, R. Strothmann: Die religiösen Kräfte Asiens. Vorträge der 1. Auslandswoche 1937 der Hansischen Universität; Hamburg 1937, S. 5–20.

Idee und Wirklichkeit in der japanischen Geschichte. In: OR Jg. 21, 1940, S. 244–247.

Japan – Tradition und Gegenwart. Erzählungen und Gedichte, hrsg. von Ludwig Oeser, Stuttgart 1942.
[Darin von W. G.: Vorwort S. 7–15. Übersetzungen: S. 16f.; 31–34; 37–39; 60f.; 64–71; 73–75; 77–79; 83–86; 88–91; 93–96; hierzu und zu den übrigen Beiträgen jeweils kurze Einführungen.]

Die Entwicklung und Bedeutung des Tennoo-Gedankens in Japan. In: Hans Heinrich Schaeder ed.: Der Orient in deutscher Forschung, Vorträge der Berliner Orientalistentagung, Herbst 1942; Leipzig 1944, S. 137–157.

Lyrik des Ostens. Hrsg. von Wilhelm Gundert, Annemarie Schimmel und Walther Schubring, München 1952. 610 S. (5. Aufl. 1965).
[Von W. G. zahlreiche Übersetzungen chinesischer Lyrik: S. 227, 228, 240, 247–249, 251, 270, 277, 280–285, 291, 304–306, 314–316, 318, 320, 322, 325, 343; japanischer Lyrik: S. 369–466, mit einigen Ausnahmen; Nachwort S. 490–501; biographische und Sacherläuterungen zur chinesischen und japanischen Lyrik: S. 545–598.]

Japan vor hundert Jahren. In: NOAG Nr. 73, Hamburg 1952, S. 1–13.

Der Buddhismus. In: Die großen nichtchristlichen Religionen unserer Zeit in Einzeldarstellungen. (Das Heidelberger Studio, eine Sendereihe des Süddeutschen Rundfunks, Bd. 3.) Kröners Taschenausgabe Bd. 228, Stuttgart 1954, S. 41–55.

Der Weg des Buddhismus in Japan. In: Mitteilungen des Instituts für Auslandsbeziehungen Bd. 7, Stuttgart 1957, S. 10–11.

Bi-yän-lu. Meister Yüan-wu's Niederschrift von der Smaragdenen Felswand, verdeutscht und erläutert. Bd. 1, München 1960, 581 S. (3. Aufl. 1973); Bd. 2, München 1967, 364 S.; Bd. 3, München 1973, 168 S. [der vorliegende Band].

Vorabdrucke aus dem Bi-yän-lu

(z. T. nicht gleichlautend mit der Buchfassung)

Die Nonne Liu bei We-schan. Das 24. Kapitel des Bi-yän-lu, eingeleitet, übersetzt und erläutert. In: Asiatica, Festschrift Friedrich Weller, Leipzig 1954, S. 184–197.

Das zweite Kapitel des Pi-yen-lu, übersetzt und erläutert. In: OE Bd. 2, 1955, S. 22–38.

Bodhidharma und Wu-di von Liang. Das 1. Kapitel des Bi-yän-lu in vollständiger Übersetzung. In: Sino-Japonica, Festschrift André Wedemeyer zum 80. Geburtstag, Leipzig 1956, S. 48–66.

Dasui's feurige Lohe. Das 29. Beispiel des Bi-yän-lu, übersetzt. In: NOAG Nr. 85/86, 1959, S. 9–17.

Yang-schan's Fünfaltenhörner. Das 34. Beispiel des Bi-yän-lu, übersetzt und erklärt. In: OE Bd. 9, 1962, S. 200–219.

Das 35. Kapitel des Bi-yän-lu, übersetzt und erläutert. In: MOAG Bd. 44 (Jubiläumsband 1873–1963), Teil 3, Tôkyô 1964, S. 1–25.

Das 47. Kapitel des Bi-yän-lu. In: OE Bd. 11, 1964, S. 127–141.

Feng-hsüä's Eiserner Stier. Das 38. Beispiel des Bi-yän-lu, übersetzt und erklärt. In: OE Bd. 12, 1965, S. 129–160.

Das 51. Kapitel der »Niederschrift zur Smaragdenen Felswand«, übersetzt und erklärt. In: Asien – Tradition und Fortschritt, Festschrift für Horst Hammitzsch, Wiesbaden 1971, S. 156–168.

Der Buddhismus. In: Vivos Voco – Die weiße Fahne ruft die Lebenden. Monatshefte für Kernfragen des Lebens, Bd. 34, 1961, S. 195–200 und 259–263.

Hermann Bohner zum Gedächtnis. In: OE Bd. 11, 1964, S. 1–8.

A Sower of Seeds. In: In Memoriam Daisetz Teitarô Suzuki, 1870–1966, ed. by Keiji Nishitani, Hiroshi Sakamoto. The Eastern Buddhist, publ. by The Eastern Buddhist Society, Otani University, Kyôto, New Series Vol. 2, No. 1, August 1967, p. 130–136.

Hermann Hecker zum Gedächtnis. In: Hoku-dai [Hokkaidô Daigaku] Kikan No. 30, December 1967, 107–101 [sic].
[H. H.: 1881–1967; 1930–1965 Lektor in Sapporo, Hokkaidô.]

Heki-gan-roku Doku-yaku Yo-wa. [Übersetzt und mit Anmerkungen versehen von Ueda Shizuteru.] In: Kôza Zen Bd. 8: Gendai to Zen, hrsg. von Nishitani Keiji, Tôkyô 1968, S. 305–320.
[Erstdruck des zugrunde liegenden deutschen Textes in vorliegendem Band, S. 107–125.]

Rezensionen

Beaujard, André: Les Notes de Chevet de Sei Shônagon, Dame d'honneur au Palais de Kyôto, Paris 1934. – Beaujard, André: Sei Shônagon, son Temps et son Œuvre, Paris 1934. In: OLZ Bd. 41, 1938, Nr. 5, Sp. 330–334.

Ein deutsches Japan-Handbuch. (Japan-Handbuch, hrsg. von Martin Ramming, Berlin 1941.) In: OR Jg. 22, 1941, S. 187–189.

Bohner, Hermann: Shôtoku Taishi, Tôkyô 1940. In: Asia Major, N.F. Bd. 1, H. 1, Leipzig/Wien 1944, S. 159–178.

Benl, Oscar: Die Entwicklung der japanischen Poetik bis zum 16. Jahrhundert; Hamburg 1951. In: OLZ Bd. 49, 1954, Nr. 1/2, Sp. 80–85.

Neue Forschungen zum japanischen Puppenspiele. [Rez. von:] Shively, Donald H.: The Love Suicide at Amijima, Cambridge, Mass. 1953. In: OLZ Bd. 49, 1954, Nr. 5/6, Sp. 197–202.

Benl, Oscar: Seami Motokiyo und der Geist des Nô-Schauspiels, Wiesbaden 1952. In: ZDMG Bd. 104 (N.F. 29), 1954, S. 310–314.
Hauchecorne, Antoinette: Les Religions du Japon (Histoire des Religions, Tome 2, Part 3), Paris 1954. In: Erasmus Bd. 10, 1957, Sp. 75–79.

Abkürzungen

MOAG/NOAG	Mitteilungen/Nachrichten der Deutschen Gesellschaft für Natur- und Völkerkunde Ostasiens [OAG]
OE	Oriens Extremus
OLZ	Orientalistische Literaturzeitung
OR	Ostasiatische Rundschau
ZDMG	Zeitschrift der Deutschen Morgenländischen Gesellschaft

Der Aufsatz »Zur Übersetzung des Bi-yän-lu« ist der deutsche Text einer japanischen Fassung, die 1968 im Sammelwerk Kôza Zen erschienen ist, und zwar im 8. Band, welcher dem »Zen in der heutigen Welt« gewidmet ist. (Siehe die Bibliographie, Seite 160.) Dem Verlag Chikuma-shobô, Tôkyô, sei für die freundliche Druckerlaubnis gedankt.

»Die Bananenstaude« erschien erstmals im Jubiläumsband der Deutschen Gesellschaft für Natur- und Völkerkunde Ostasiens, Tôkyô 1933. (Siehe die Bibliographie, Seite 158.) In den Anmerkungen wurde so wenig wie möglich verändert. Eine Erweiterung der bibliographischen Angaben nach dem neuesten Stand hätte den Rahmen des Nachdrucks gesprengt. Lediglich die gemäß der Herkunft des Stückes vornehmlich japanisch wiedergegebenen Namen und Termini chinesischen Ursprungs wurden durch ihre chinesische Lautung ergänzt.

Der Nachruf Dietrich Seckels »Wilhelm Gundert zum Gedenken« ist der Neuen Zürcher Zeitung vom 11. Dezember 1971, Seite 33, entnommen.

Leser, die sich für den Inhalt der restlichen ›Beispiele‹ des Bi-yän-lu interessieren, seien auf R. D. M. Shaw, The Blue Cliff Records. The Hekigan Roku, London 1961, verwiesen. Das Werk ist in seiner Konzeption wesentlich kürzer, in Einzelheiten nicht immer befriedigend und umschreibt alle Namen japanisch. D.

Das Register – wie auch das folgende Ortsregister – bezieht sich nur auf die Übersetzungen der Beispiele 51–68 des Bi-yän-lu, nicht auf die anderen Beiträge des Bandes. Die Hinweise auf die Traditionstafeln (Trt) beziehen sich auf die Tafeln in Band I (S. 563–568) und Band II (S. 337–341).